U0481725

中国海港城市港口经济高质量发展研究

RESEARCH ON HIGH QUALITY DEVELOPMENT OF PORT ECONOMIC IN CHINA'S SEAPORT CITIES

王蕊　任静　李琳琳　黄川　孙瀚冰　田佳　等著

企业管理出版社
ENTERPRISE MANAGEMENT PUBLISHING HOUSE

图书在版编目（CIP）数据

中国海港城市港口经济高质量发展研究 / 王蕊等著 .
北京 : 企业管理出版社，2025. 6.
ISBN 978-7-5164-3291-4

I. F552.7

中国国家版本馆 CIP 数据核字第 20254WJ891 号

书　　名：中国海港城市港口经济高质量发展研究
作　　者：王蕊　等
责任编辑：尚　尉
书　　号：ISBN 978-7-5164-3291-4
出版发行：企业管理出版社
地　　址：北京市海淀区紫竹院南路17号　　邮编：100048
网　　址：http：//www.emph.cn
电　　话：编辑部（010）68414643　发行部（010）68701816
电子信箱：qiguan1961@163.com
印　　刷：北京拓问鼎印刷技术有限公司
经　　销：新华书店
规　　格：170毫米×240毫米　16开本　10.5印张　138千字
版　　次：2025年6月第1版　2025年6月第1次印刷
定　　价：78.00元

本书主要依托项目的项目组人员名单

《我国海港城市临港产业集群竞争力评估方法及评价指标体系研究》项目组

朱鲁存（主管院长）　孙瀚冰（主管总工）
田　佳（主管所长）　刘长俭（主管主任工程师）
王　蕊（项目负责人）　任　静（主要参加人）
黄　川（主要参加人）　沈体雁（主要参加人）
温锋华（主要参加人）　贾涛鸣（主要参加人）
徐海涛（主要参加人）　蔡晓林（主要参加人）

《我国海港城市临港产业集群竞争力评估方法及评价指标体系研究》项目组

刘占山（主管院长）　孙瀚冰（主管总工）
田　佳（主管所长）　王　蕊（项目负责人）
任　静（主要参加人）　李琳琳（主要参加人）
黄　川（主要参加人）　葛　彪（主要参加人）
魏雪莲（主要参加人）　高天航（主要参加人）
吴宏宇（主要参加人）　于汛然（主要参加人）

序

港口是经济全球化的重要纽带，是国家开放发展的战略支点。当今世界正经历百年未有之大变局，全球产业链供应链深度调整，新一轮科技革命重塑产业形态，港口经济作为连接内外循环、驱动区域发展的核心动能，其战略价值日益凸显。港口始终被赋予服务国家战略、推动经济转型的重要职能。在此背景下，系统研究港口经济的内涵、规律与实践路径，既是时代命题，更是发展所需。

本书立足于新时代中国港口经济发展的实践探索与理论创新，以“理论指导实践、实践反哺理论”为主线，构建了兼具学术价值与政策意义的港口经济研究框架。全书紧扣中央财经委员会关于发展临港经济的战略部署，聚焦港口经济高质量发展的核心问题，突破传统研究的碎片化局限，首次提出“港口经济增加值”的量化测算方法，构建了覆盖产业分类、影响因素、时空演变、评价体系的完整分析链条。通过聚类分析、相关性研究、动态对比等方法，揭示了中国沿海港口经济的区域分异规律与发展动力机制；依托十余年规划实践积累的案例库，提炼国内外港口经济转型的典型经验，为破解港产城矛盾、优化资源配置提供了一种可复制的解决方案。

作为一部扎根中国实践、兼具国际视野的专著，本书的独特价值体现在三方面。

其一，理论创新性。通过辨析港口经济与临港经济、海洋经济等概念边界，提出“港口经济是依托和利用港口的各类产业的相关经济活动的总和”这一明确定义，建立了一套全国范围内可相互比较的港口经济增加值测算方法，为后续研究奠定理论基础。

其二，方法科学性。构建“总指数＋分项指数”评价模型，从港口运输、与港口相关工业、与港口相关服务业和港产城互动关系四大维度，对59个沿海城市进行全景式诊断，破解了传统研究重定性轻定量的困境，为政策制定提供数据支撑。

其三，实践指导性。针对中国港口城市面临的“港城空间冲突”“临港产业低端锁定”等现实痛点，提出以“枢纽能级跃升、产业结构升级、发展空间拓展、临港产业突破、和谐港城构建”为核心的转型路径，并通过青岛港、舟山港等鲜活案例，展现港口经济从规模扩张向质量跃升的可行方案。

当前，在国家经济转型升级、高质量发展的宏观背景下，沿海地区依托港口发展高质量的港口经济成为必然。我希望，交通运输部规划研究院及相关项目组再接再厉，争取在港口经济的理论研究和实践探索方面，能够继续开拓创新，锐意进取，不断总结新理论、新方法、新技术。我坚信，以新发展理念为引领，以科技创新为驱动，以制度型开放为突破，中国港口经济必将成为构建新发展格局的强劲引擎，书写向海图强的新篇章！

交通运输部原总工程师

蒋千

2025年4月

前 言

港口不仅是综合交通的重要枢纽节点、商品流通和国际贸易的关键平台，也是区域经济发展的重要引擎和国家战略实施的重要抓手。近年来，全球沿海国家和地区充分发挥港口的战略性引领带动作用，大力推进港口经济发展，对于拉动区域经济增长、提升经济发展水平发挥了重要作用。据统计，全球工业的70%集中在沿海地区，中国一半以上GDP集中在东部沿海省份。港口经济战略地位日益突出，依托港口发展港口经济成为构建城市乃至国家竞争力的重要途径。

交通运输部关于新时代加强沿海和内河港口航道规划建设的意见，强调推进港产城协同发展，加强港口与后方工业园区、物流园区的规划统筹和功能配套。大力发展港口经济已经成为落实党中央国务院战略部署、顺应行业发展新趋势的重要举措。

新时期，国际力量对比深刻调整，国际环境日趋复杂，经济全球化遭遇逆流，世界贸易和产业分工格局发生重大调整，新一轮科技革命和产业变革加速发展，不稳定性不确定性明显增加。中国发展进入新阶段，未来将加快构建以国内大循环为主体、国内国际双循环相互促进的新发展格局，以港口为依托的港口经济应当肩负起构建城市产业竞争力、推动经济高质量发展的使命。同时，中国海港城市在经过高速增长后，部分城市面临着生产要素集聚导致的港、产、城空间资源紧张，港城交通相互干扰，港口对临港产业带动力弱等诸多问题，港口经济发展水平亟待优化提升。

当前，我国港口经济发展面临新的机遇与挑战，围绕我国港口经济高质量发展的战略目标，港口经济的概念、测算方法、行业分类、影响机理、发展评价和发展对策等问题亟需深化研究。自2008年以来，交通运输部规划研究院港口经济研究课题组对多个城市港口经济发展情况进行深入研究，先后完成了《小洋山北侧陆域产业发展规划研究》《大丰港口经济发展规划研究》《潍坊市港口经济发展规划研究》《舟山市港口经济发展规划研究》《深圳小漠港口经济发展规划研究》《台州港口经济发展规划研究》《常熟港口产业发展规划研究》《广州港口经济发展现状研究》等项目，在规划实践基础上不断进行理论探索和总结提炼，形成一套“理论、实践、核算、评价”相结合的港口经济研究体系，并将主要研究成果分别在2023年12月和2024年7月面向全社会发布《中国海港城市港口经济发展报告（2023）》《中国海港城市港口经济发展报告（2024）》，为中国海港城市港口经济高质量发展提出相关建议。

本书依托上述相关研究成果，进行系统归纳和总结，共分为八章和两个附件。第一章是概述，主要介绍了本书的研究背景、思路、方法和国内外研究现状。第二章是港口经济概念与测算方法，主要介绍了港口经济的概念以及与海洋经济、临港经济等相关概念进行辨析，梳理了现有经济测算方法并进行改进，建立了一套范围全面、准确可靠、可持续跟踪、标准统一、可结构化分析的港口经济增加值测算方法，解决了港口经济领域定量研究难题。第三章是中国沿海区域港口经济发展现状，介绍了中国港口经济总体格局、区域和各海港城市港口经济发展特点，全面展现了中国海港城市港口经济发展图景。第四章是中国沿海区域港口经济分类，采用聚类分析方法，从产业规模和产业对港口依赖程度两个角度对港口经济进行分类，并分析了沿海区域主要港口经济类型空间分布特点。第五章是中国沿海区域港口经济影响因素分析，从城市的港口条件、区位条件、产业基础、政策环境和双循环发展水平选取15个指标，与港口经济增加值进行相关性分析，总结港口经济影响因素及变化趋势，挖掘规律性认识。第六章是中国海港城市港口经济时空演变，对比了 2010 年和 2023 年港口经济格局演变特征，分析了主要产业类型变化、区域港口经济发展动力和主要影响因素的变化。第七章是中国港口经济高质量发展评价，构建了中国港口经济高质量发展评价模型，不仅对我国沿海 59 个海港城市港口经济发展水平进行综合评价，还从港口运输、与港口相关工业、与港口相关服务业和港产城互动关系四个方面进行分项评价，得到了一个总指数和四个分指数评价结果。第八章是国内外典型港口经济发展案例，梳理了国外大型港口经济发展案例以及国外知名小而精港口经济发展案例，总结了国内典型港口经济发展经验以及破局方向。交通运输部规划研究院港口经济研究课题组成员王蕊、任静、李琳琳、黄川对全书内容进行编写、统稿和修改完善，孙瀚冰、田佳对全书进行了审阅。

本书的出版，凝聚了研究团队十余载深耕港口经济领域的智慧结晶，也得益于国家发展改革委、交通运输部及沿海省市相关部门的鼎力支持。作为新时代中国港口经济发展的见证者、参与者与推动者，我们深感使命在肩。期待本书能为各级政府科学规划港口经济、优化国土空间布局提供决策参考，为学术界深化相关研究提供方法工具，为全球港口城市转型贡献中国经验。

受作者水平及写作时间所限，书中难免有不足、遗漏甚至错误之处，敬请批评指正。

作者

2025 年 4 月

目　录

第一章　概述

第一节　研究背景

近年来，全球沿海国家和地区充分发挥港口的战略性引领带动作用，大力推进港口经济发展，对于拉动区域经济增长、提升经济发展水平发挥了重要作用。据统计，全球工业的70%集中在沿海地区，中国一半以上GDP集中在中国东部。新时期我国港口经济发展面临新的机遇与挑战，围绕我国港口经济高质量发展的战略目标，港口经济的测算方法、行业分类、影响机理和发展对策等问题亟需进一步深化研究。

1. 港口经济战略地位突出，依托港口发展港口经济成为构建城市乃至国家竞争力的重要途径

在国际贸易驱动经济全球化进程中，海运凭借运量巨大、成本低廉等独特优势成为沟通世界经济的重要方式，港口因此成为影响城市与区域经济发展的战略性基础设施，依托港口发展港口经济成为构建城市乃至国家竞争力的重要途径。

2. 新时期，港口经济面临众多机遇和挑战，港口经济发展水平亟待优化提升

新时期，国际力量对比深刻调整，国际环境日趋复杂，经济全球化遭遇逆流，世界贸易和产业分工格局发生重大调整，新一轮科技革命和产业变革加速发展，不稳定性不确定性明显增加。中国发展进入新阶段，未来将加快构建以国内大循环为主体、国内国际双循环相互促进的新发展格局，以港口为依托的港口经济应当肩负起构建城市产业竞争力、推动经济高质量发展的使命。同时，中国的海港城市在经过高速增长后，面临着生产要素集聚导致的港、产、城空间资源紧张，港城交通相互干扰，港口对临港产业带动力弱等诸多问题，港口经济发展水平亟待优化提升。

3. 各海港城市高度关注港口经济的发展，港口经济的高质量发展亟需新的理论指导

港口经济是“港—产—城”深度融合的产物，各地高度重视港口经济的发展，很多城市在不同的时间节点都开展了港口经济贡献等方面的研究。但是，目前行业内对于如何界定港口经济、测算港口经济并没有形成统一认识，缺乏对于全国港口经济发展现状的全面性、系统性分析，各个城市的港口经济发展规模和发展水平均无法进行横向比较以及与历史发展情况的纵向比较，缺少对于港、产、城相互影响机理的研究，对于指导各个城市港口经济发展存在不足，港口经济的高质量发展亟需新的理论指导。

为此，本书拟以港口经济为研究对象，在进一步明确港口经济概念并进行港口经济主要行业分类的基础上，优化港口经济测算方法，研究港口经济的影响机理和发展对策等问题，弥补目前在港口经济发展方面的理论空白，形成一套解决港口经济发展问题的技术手册，为相关研究与实践工作提供理论依据和方法技术指导。

第二节 研究思路

本书基于大量文献研究和对中国海港城市的调研，总结归纳港口经济的概念，提出港口经济规模的测算方法，为港口经济的增加值测算提供统一可比的统计标准、口径和范围，并根据定量化分析方法确定港口经济分类。根据港口经济测算方法，测算出2010年、2021年、2022年、2023年59个沿海城市港口经济增加值，从全国、分区域、分行业等多个角度首次全面展现出中国海港城市港口经济发展图景和时空演变特征。通过建立不同影响因素对港口经济发展水平定量化的影响分析，梳理出影响港口经济发展的主要因素，构建港口经济发展理论模型。建立了中国海港城市港口经济发展评价体系，对中国59个海港城市港口经济高质量发展水平进行综合评价，并从港口运输、与港口相关工业、与港口相关服务业和港产城互动关系四个方面进行分项评价，得到了一个总指数和四个分指数评价结果。梳理了国内外多个城市港口经济的发展经验，总结出对中国港口经济发展的相关经验借鉴。面向全社会发布《中国海港城市港口经济发展报告（2023）》《中国海港城市港口经济发展报告（2024）》，为中国海港城市港口经济高质量发展提出相关建议，为相关研究与实践工作提供理论依据和方法技术指导。

第三节 研究方法

本书在研究过程中主要采用以下研究方法。

1. 文献研究法

首先，广泛收集港口经济相关研究论文、书籍以及文献材料，在大量阅读文献的基础上，梳理和归纳国内外海港城市和港口经济的研究现状与不足，总结相关研究中的理论进展。其次，对港口经济相关概念、分类和测算方法进行不断优化，建立港口经济发展模型。最后，参照其他研究领域指标体系构建方法，结合港口经济研究前沿动态和港口经济发展的实际需求，设计港口经济评估指标体系。

2. 数据分析法

通过数据采购、申请使用、公开数据收集、网络数据爬取等方式多途径收集港口经济相关数据，包括统计年鉴、投入产出表、港口数据、产业园区、海关数据等。结合研究需求对数据字段进行筛选和电子化存档，研究建立数据存储框架，对原始数据进行清洗与标准化处理。运用 ArcMap、STATA、Excel、GIS、Matlab 等软件对数据进行综合定量分析。

3. 专家研讨法

定期组织线上线下的专家研讨会议，邀请港口、产业规划、经济研究、城市规划等领域的专家学者参与。一方面，通过开展专家头脑风暴会对工作中遇到的理论、技术问题提供指导；另一方面，通过开展阶段性成果研讨会对阶段性成果进行审查，确保研究顺利推进。

4. 实地调研法

选取国内海港城市典型案例，组织开展实地调研。通过与当地政府、港口企业、专家学者的座谈，深入了解港口经济发展中的难点、痛点问题。邀请相关的政府部门、行业协会试用研究成果，收集相关的优化建议，并进一步完善评价方法和指标体系，建立港口经济发展案例库。

第四节 国内外研究现状

目前，国内外对于港口经济方面的研究主要包括概念、分类、测算、影响机理等方面的研究。

1. 港口经济概念及分类方面的研究

熊文辉、翁殊武、杨再高（2003）将临港产业的概念概括为：一系列产业在同一临港区域的集聚，这些产业的发展主要依托港口及陆域布局，如汽车、重化工、航运、造船业等产业。晓惠、朱凌（2012）通过对比临港产业与海洋产业的不同界定了临港产业：临港产业是一系列产业的集合，其发展主要依托港口优势，主要包括三类，一是直接关联产业，如装卸；二是共生产业，如仓储、物流、运输等，这些共生产业必须与直接产业相关；三是基础工业和港口依存产业，其特点是海运量大和对外贸易比重较大，如石油化工、船舶业等。李亚军、杨忠振认为可以依据投入产出表的产业划分以及辽宁省外贸进出口总额、港口货物吞吐量、集装箱吞吐量，运用多目标模糊聚类方法划分临港产业，直接临港关联产业以交通运输设备制造和建筑业为主，间接临港关联产业包括交通运输仓储业、石油和天然气开采业等。可以看出，目前对于如何界定港口经济概念、分类并没有形成统一认识，对于港口经济、临港经济、临港产业、海洋产业等相关概念的联系与区别没有阐述清楚，很难支持后续的港口经济测算以及影响机理等方面的研究。

2. 港口经济测算方面的研究

吴迪、廖丁（2022）基于投入产出模型，分别从产业关联效应、列昂惕夫价格效应、对国民经济的贡献效应以及就业诱发效应等方面就 1987—2017 年我国港口产业发展对国民经济的贡献值和贡献率进行计算分析。殷翔宇、祝合良、韩京伟（2021）在对我国港口经济活动和港口相关统计体系进行系统分析的基础上，选取港口增加值作为反映港口综合经济运行情况的统计指标，构建基于港口增加值的港口经济贡献统计体系并探讨了核算方法。龙泓宇（2019）根据重庆市港口经济与城市经济的实际情况，结合与其他港口城市的对比得出重庆市港口经济与城市经济发展的主要特征，运用隶属函数协调度模型测算重庆市港口经济与城市经济 2003—2016 年的协调度，运用 DEA 模型分别对两者互相促进的效率进行评价。可以看出，对于港口经济的测算并没有在行业内形成统一的方法，并且缺少从全国层面的、系统性研究，各个城市的港口经济发展规模和发展水平均无法进行横向比较以及与历史发展情况的纵向比较。

3. 港口经济影响机理方面的研究

对于港口经济发展影响因素的分析，目前国内的相关研究较少。朱欢欢、蒋逸民认为舟山临港产业具有港口依存度高和产业外向性弱的特征，发展中存在内部资源整合艰巨性、外部经济联系孤立性、自然资源短缺等限制性因素。欧阳雪莲、朱芳阳借鉴物理学耦合协调度的相关概念和方法计算广西北部湾经济区港口物流—临港产业—区域经济的耦合协调度。文江雪、邓宗兵、王定祥以环渤海、长三角和珠三角港口群为研究对象，运用中介效应动态面板模型探究了知识溢出在临港产业集聚影响区域经济高质量发展中的作用，并构建门槛模型，检验知识溢出释放的约束机制。郭云丽、仲维庆、薛芳分析了临港产业集群创新系统的构成，建立了临港产业集群创新驱动指标体系，在此基础上采用灰色关联度方法论证了创新驱动因素对临港产业集群的影响程度，并提出了相应的建议。朱善庆、吴晓磊、刘健、刘晓斌认为以港、产、城一体化发展为核心的临港经济区，产业是核心，港、产、城的互动发展实际是通过产业的不断演化实现的。可以看出，目前对于港口经济的形成机理、影响因素研究相对较少，并大多局限于某个区域、城市的影响研究，缺少全国层面大量海港城市的案例支撑，难以在实践中为海港城市评估自身港口经济发展水平提供理论指导。

第二章　港口经济概念与测算方法

第一节　港口经济的概念

1. 相关概念

目前对于如何界定港口经济概念并没有形成统一认识，对于港口经济与临港产业、海洋经济等相关概念的联系与区别没有阐述清楚，容易出现混淆。

（1）海洋经济

根据《海洋及相关产业分类》（GB/T 20794-2021），海洋经济是开发、利用和保护海洋的各类产业活动，以及与之相关联活动的总和。海洋经济活动划分为海洋产业、海洋科研教育、海洋公共管理服务、海洋上游相关产业和海洋下游相关产业。

海洋产业包括海洋渔业、沿海滩涂种植业、海洋水产品加工业、海洋油气业、海洋矿业、海洋盐业、海洋船舶工业、海洋工程装备制造业、海洋化工业、海洋药物和生物制品业、海洋工程建筑业、海洋电力业、海水淡化与综合利用业、海洋交通运输业、海洋旅游业等。

海洋科研教育包括海洋科学研究、海洋教育等。

海洋公共管理服务包括海洋管理、海洋社会团体、基金会与国际组织、海洋技术服务、海洋信息服务、海洋生态环境保护修复、海洋地质勘查等。

海洋上游相关产业包括涉海设备制造、涉海材料制造等。

海洋下游相关产业包括涉海产品再加工、海洋产品批发与零售、涉海经营服务等。

（2）临港产业

临港产业是指地理位置临近港口、凭借港口资源优势发展起来的相关产业。空间上看，既有以省份、地级市为研究对象，也有以临港工业园区为研究对象。临港产业进一步分类为临港直接产业 、临港关联产业 、临港依存产业和临港派生产业。

临港直接产业主要是指港口的装卸主业。

临港关联产业主要是指分布在港口装卸主业前后不同部位的关联产业，如海运业、集疏运业、仓储物流业等。

临港依存产业主要是指依托港口而布局的产业，如石化、钢铁、造船、造纸、贸易等产业。

临港派生产业是为临港直接产业、临港关联产业、临港依存产业经济活动服务的金融、保险、地产、商业、饮食等服务业。

（3）现有港口经济描述

部分学者认为港口经济是以港口为中心、港口城市为载体、综合运输体系为动脉、港口相关产业为支撑、海陆腹地为依托，并实现彼此间相关联系、密切协调、有机结合、共同发展，进而推动区域繁荣的开放型经济，或者是在一定的区域范围内由港航、临港工业、商贸、旅游等相关产业有机结合而成的一种区域经济。

港口经济贡献是指港口及相关产业活动为所在城市、区域乃至国家发展创造的综合社会经济价值。按港口生产活动影响的波及顺序，港口及相关产业活动可划分为直接、间接和诱发经济活动。

从上述观点中可以看出，目前对于港口经济的概念没有充分体现港口经济的特点，定义比较模糊。

2. 港口经济概念

综合国内外相关研究，确定港口经济的概念为：港口经济是依托和利用港口的各类产业的相关经济活动的总和，是相关产业有机结合而成的一种区域经济，空间范围应包括港口所辐射到的所有区域。

对于港口所在城市来说，港口经济是以港口为中心、城市为载体，依托和利用港口的各类产业的相关经济活动的总和，是港口、产业、城市相互联系、有机结合、共同发展的开放型经济。

港口经济具有以下主要特点。

第一，从空间上看，港口经济已经超出了“港口”以及“临港”区域，包括了港口所辐射到的所有区域。

第二，从产业类型上看，不限于传统的临港产业类型（冶金、石化、装备制造等），只要是依托和利用港口的各类产业所产生的经济活动，都属于港口经济范围。

第三，从产业归属上看，不是将依托和利用港口的各类产业全部纳入港口经济，只将依托和利用港口的经济活动纳入港口经济，与港口无关的经济活动须予以剔除。

港口经济与海洋经济、临港产业既有区别又有联系。从相关定义可以看出，海洋经济包含的经济活动主要发生在近海海域及海岸线周边陆地区域，港口经济包含的经济活动主要发生在港口所辐射到的区域，临港产业包含的经济活动主要发生在港口城市范围内、临近港口的区域。三者的相关关系如图 2–1 所示。

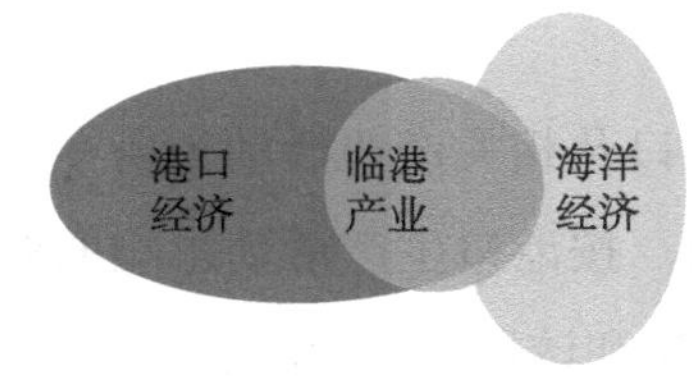

图 2-1 港口经济与海洋经济、临港产业关系示意图

第二节　港口经济的测算方法

1. 现有测算方法比较

（1）主要测算方法

通过对国内外研究，目前在相关经济测算中应用较多的测算方法主要为统计核算法、贡献测算法、相关关系法等。

①统计核算法。

统计核算法应用较为广泛，首先界定一种经济的概念、分类、主要经济活动，由各级主管部门及同级统计部门、相关行业主管部门、重点企业提供数据，根据国家相关统计调查制度、生产总值核算制度进行测算和加总。

海洋经济测算就使用了统计核算方法。首先对海洋经济进行了定义和分类，相关经济的基础数据来自国务院有关部门、沿海省（自治区、直辖市）自然资源（海洋）行政主管部门、统计机构和公开统计资料，根据国家相关统计调查制度、生产总值核算制度对相关经济活动进行测算和加总。海洋经济总值数据表如表 2–1 所示。

表2-1　海洋经济总值数据表

指标	2022 年		2021 年	
	总量（亿元）	增速（%）	总量（亿元）	增速（%）
海洋生产总值	94628	1.9	89521	7.6
海洋产业	38542	–0.5	36761	8.8
海洋渔业	4343	3.1	4117	4.4
沿海滩涂种植业	2	1.0	2	–1.8
海洋水产品加工业	953	0.9	910	0.6
海洋油气业	2724	7.2	1618	6.4

续表

指标	2022年		2021年	
	总量（亿元）	增速（%）	总量（亿元）	增速（%）
海洋矿业	212	9.8	186	2.8
海洋盐业	44	−1.4	41	−3.8
海洋船舶工业	969	9.6	870	6.2
海洋工程装备制造业	773	3.0	743	29.6
海洋化工业	4400	−2.8	3905	9.5
海洋药物和生物制品业	746	7.1	695	20.9
海洋工程建筑业	2015	5.6	1893	3.5
海洋电力业	395	20.9	327	37.9
海水淡化与综合利用业	329	3.6	313	5.5
海洋交通运输业	7528	6.0	6980	10.3
海洋旅游业	13109	−10.3	14162	9.2
海洋科研教育	5950	3.6	5579	6.4
海洋公共管理服务	15902	3.5	15240	4.1
海洋上游相关产业	13560	2.4	12579	12.0
海洋下游相关产业	20673	4.2	19361	5.9
三次产业结构占比	4.6 ：36.5 ：58.9		4.6 ：34.6 ：60.8	

②贡献测算法。

贡献测算法不是直接测算出一种经济的规模，而是采用相关测算方法测算该经济的影响程度。首先界定一种经济的概念、分类、主要经济活动，然后对主要的港口经济活动进行大量现状调查，推算出港口带来的直接经济贡献，根据投入产出模型，测算该经济活动产生的间接拉动、诱发拉动，加总后为该经济总的贡献。

目前，国内外对于港口经济贡献的测算研究较多。

其中，直接经济贡献测算先抽样调查各类相关企业货物吞吐量、业务量、营业收入、利润、工资、折旧、纳税额、员工数量等关键指标，据此计算出样本企业的劳动者薪酬、生产税净额、固定资产折旧和营业盈余，进一步可以测算样本企业单位货物吞吐量创造的增加值、就业，再根据整个港口货物吞吐量反推出直接经济活动创造的全部增加值和就业。

对于物资供应、衍生服务产业创造的间接增加值，可以通过企业抽样、采集相关数据，计算单位吞吐量创造的增加值和就业，再根据港口吞吐量大小反推全部企业创造的增加值和就业。对于临港产业，若企业数量较少，可以全样本采集数据；若企业较多且类别复杂，则需要划分为重石化、装备制造、粮食加工、造船等不同产业类别，分别进行企业抽样，并按照单位业务量、单位产值、单位占地面积创造的增加值和就业分别推算各产业的增加值和就业情况。

计算诱发经济贡献主要采用投入产出模型和乘数模型。首先根据GDP、三产产值、居民储蓄率、外贸等宏观经济数据推算出港口诱发经济贡献的乘数因子，再以直接和间接经济贡献结果为基数，乘以此乘数因子得到诱发增加值。

专栏2-1　国内外港口经济贡献测算

1. 汉堡港经济贡献测算

2021年汉堡港进行了汉堡港对区域及整体经济贡献的分析，研究结果显示汉堡港经济贡献包括直接影响、间接影响、诱发影响。德国约60.7万个工作岗位以某种方式与汉堡港相关，约11.4万个工作岗位直接或间接依赖于汉堡港，创造了约98亿欧元的附加值和约25.7亿欧元的税收。

2. 鹿特丹港经济贡献测算

2018年鹿特丹港进行了鹿特丹港对区域及整体经济贡献的分析，研究结果显示鹿特丹港经济贡献包括直接影响、间接影响、诱发影响。2002年至2017年期间，鹿特丹主要港口实现的增加值在荷兰经济中的份额从5.0%增加到6.2%，在此期间，鹿特丹主要港口增加值从25.2亿欧元增到456亿欧元。

3. 比利时港口经济贡献测算

2022年比利时进行了比利时港对区域及整体经济贡献的分析，研究结果显示比利时港经济贡献包括直接影响、间接影响。经测算，2020年比利时港口创造了318亿欧元的直接和间接附加值（占比利时GDP的7%），直接或间接雇用了254611名全职员工（占比利时国内就业人数的5.9%）。

4. 维多利亚港口经济贡献测算

2021年加拿大维多利亚港管理局对维多利亚港的经济贡献进行分析，研究结果显示维多利亚港经济贡献包括直接影响、间接影响和诱发影响。经测算，2019年港口为加拿大GDP贡献了1.46亿加元，支持了1351个就业岗位，带来了7200万加元就业收入，创造4400万加元总税收。

5. 温哥华港经济贡献测算

2011年温哥华港管理局对温哥华港的经济贡献进行分析，研究结果显示温哥华港经济贡献包括直接影响、间接影响和诱发影响。经测算，在温哥华港获得了5.51亿加元的收入，华盛顿/俄勒冈地区货物通过温哥华港海运码头运输即产生9.521亿美元的产出值。

6. 休斯敦港经济贡献测算

2022年休斯敦港务局对休斯敦港的经济贡献进行分析，研究结果显示休斯敦港经济贡献包括直接影响、间接影响和诱发影响。经测算，2022年PHA码头的海运货运活动总计支持得克萨斯州经济总价值2620亿，支持了979495个工作岗位。

7. 国内典型港口港口经济贡献测算

国内相关机构在不同年份，对典型港口的经济贡献做过研究，采用的方法都是贡献测算法，测算结果如下表。

港口	经济贡献	占GDP比重	测算年份	测算机构
上海港	1439亿元	11.8%	2007年	上海海事大学/航运研究中心
厦门港	217.9亿元	6%	2006年	厦门市港务管理站
天津港	–	9.4%	–	交通运输部水运科学研究院
上海港	–	4.1%	–	交通运输部水运科学研究院
深圳港	1279亿元	11.1%	2011年	上海国际航运中心
上海港	2633亿元	15.3%	2010年	上海国际航运中心
广州港	1182亿元	13%	2009年	上海国际航运中心
杭州港	451亿元	7.6%	2010年	上海国际航运中心

③相关关系测算法。

相关关系测算法应用较少，主要是借助计量经济学方法，测算某个经济与 GDP 的关系，推算出这个经济的增加值。例如，在测算数字经济增加值时，腾讯研究院先估算“互联网 + 数字经济指数”与 GDP 之间的回归系数，再利用合成的“互联网 + 数字经济指数”推算数字经济增加值。

（2）优缺点比较

从以上三种测算方法比较来看，统计核算的方法核算结果较为准确，但是需要从国家层面建立完整的统计制度，数据收集需要投入大量人力、物力进行调查统计。贡献测算的方法较为成熟，但是需要对港口及相关行业进行大量调查后推算，调查数据量大，推算结果可能不准确；相关行业范围和规模不能准确确定，乘数效应测算结果可能不准确；不同单位对于不同城市、不同年份进行测算，测算方法有差异，测算结果无法横向比较。相关关系测算法方法易操作、容易推广，但是目前使用较少，相关关系准确量化难度较大。从以上几种方法比较来看，每种方法各有优缺点（表 2–2）。

表2-2　　测算方法比较表

测算方法	优点	缺点
统计核算	核算结果较为准确	1. 需要建立完整的统计制度 2. 投入大量人力、物力进行调查统计
贡献测算	测算方法较为成熟	1. 需要对港口及相关行业进行大量调查后推算，调查数据量大，推算结果可能不准确 2. 相关行业范围和规模不能准确确定，乘数效应测算结果可能不准确 3. 不同单位对于不同城市、不同年份进行测算，测算方法有差异，测算结果无法横向比较
相关关系法	方法易操作，容易推广	1. 目前使用较少 2. 相关关系准确量化难度较大

2. 港口经济测算方法

（1）原则和目标

本次港口经济测算方法的选择，需要达到以下原则和目标。

范围全面——可实现对全部港口城市中所有涉及行业的核算；

准确可靠——数据来源可靠，能够准确反映各个城市港口经济发展水平；

可持续跟踪——能够持续跟踪不同年份各个城市的发展水平；

标准统一——同一年份不同城市、同一城市不同年份均可进行比较；

系统化分析——能够分析全国、区域、各个城市港口经济的产业结构特征。

（2）测算方法

本次研究对港口经济增加值的测算方法融合以上三种方法，各行业增加值采用国民经济统计数据；以投入产出模型为基础，找到各行业与水运相关关系；测算思路采用相关关系测算方法。

以各个省份、直辖市、计划单列市的投入产出表为基础，结合相关调研情况，研究确定每个城市各个行业对水运业的依赖程度，将城市当年各个行业的增加值乘以各个行业对水运业的依赖程度并进行加总，得到该城市港口经济增加值。具体测算过程如下。

$$a_i=\frac{x_i}{X_i}\ (i=1,2,\cdots,n)$$

其中，x_i 表示某地区 i 部门对水运的投入，X_i 表示某地区 i 部门对铁路、道路、水上、航空、管道、邮政和其他运输方式的投入之和，a_i 表示某地区 i 部门对水运的依赖程度。

$$l_i=a_i\times b_i\ (i=1,2,\cdots,n)$$

$$L=\sum_{i=1}^{n} l_i$$

其中，b_i 表示某地区 i 部门增加值，l_i 表示某地区 i 部门港口经济的增加值，L 表示某地区港口经济的增加值。

具体测算过程如下。

①以各省市投入产出表为基础，利用完全消耗系数测算各个行业对水运的依赖程度。

②根据城市典型行业调研情况，对各个行业水运的依赖程度进行调整。

③测算各个城市水运增加值。

④从行业视角出发，将各行业（水运除外）增加值乘以各个行业对水运的依赖程度，再加上该城市水运增加值，汇总得到该城市港口经济增加值。

本次研究对港口经济增加值的测算方法具有以下特点。

①不需要建立新的统计制度，节省大量人力物力；

②各行业增加值统计数据、投入产出数据均符合国家统计制度，为测算提供了坚实的数据基础。

③方法操作性强，可以在全国进行推广，并可应用于国外港口。

④采用相同的测算方法，不同港口城市间可进行横向比较。

⑤可以分析各个城市港口经济的产业结构特征，进而得到全国产业结构特征、区域产业结构特征和产业空间分布特征。

第三章　中国沿海区域港口经济发展现状

本章根据港口经济测算方法，对我国 59 个海港城市的港口经济增加值进行测算。海港城市是指我国沿海港口所在的地级市或直辖市，江苏省长江沿线港口城市亦纳入本次海港城市研究范围。

第一节　港口经济总体格局

经测算，2023 年我国海港城市港口经济增加值达到 6.2 万亿元，占到这些城市经济总量的 13.4%。从整体上看，中国海港城市港口经济呈现“一核、两区、多片”的空间格局，形成了以上海、苏州等城市群为“一核”引领，以长三角区域和珠三角区域为“两区”协同发展，以环渤海区域、东南沿海区域、西南沿海区域“多片”共同发展的空间格局。

其中，长三角区域海港城市港口经济增加值占到全国海港城市的 44.7%，是我国沿海地区港口经济最发达的区域。与 2022 年相比，山东、长三角、广东、西南沿海地区海港城市港口经济在全国的占比分别提升了 0.1、0.1、0.2 和 0.1 个百分点，辽宁、津冀地区、福建海港城市港口经济在全国的占比分别

下降了 0.1、0.1 和 0.3 个百分点（图 3–1）。

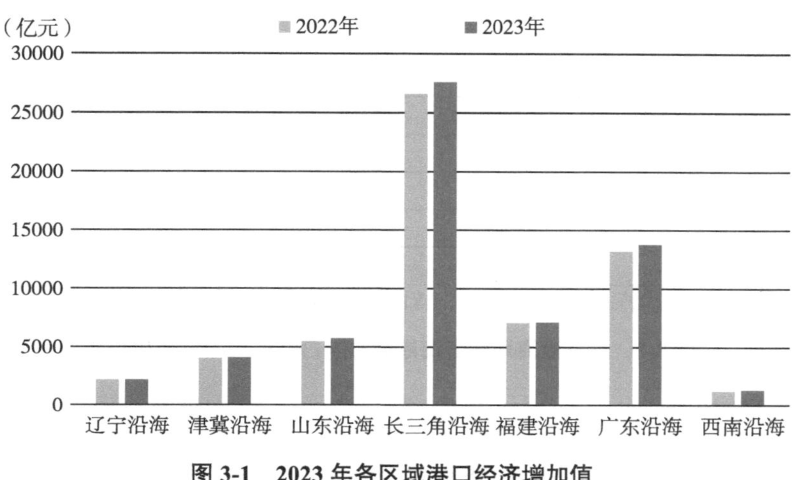

图 3-1　2023 年各区域港口经济增加值

第二节　各区域港口经济发展现状

区域港口经济在产业类型上总体呈现“南强北弱”“北重南新”的特点。

1. 辽宁沿海地区港口经济发展现状

2023 年，辽宁沿海地区港口经济增加值达到 2179 亿元，占到我国海港城市港口经济总量的 3.5%，对辽宁沿海区域 GDP 贡献率达到 14.8%。从各个海港城市港口经济发展规模来看，大连市港口经济增加值远高于其他城市，营口、丹东、锦州、盘锦、葫芦岛港口经济增加值相对较低，形成了“一核五节点”的发展格局。与 2022 年相比，大连市港口经济增长较快，盘锦市港口经济出现小幅下降（图 3–2）。

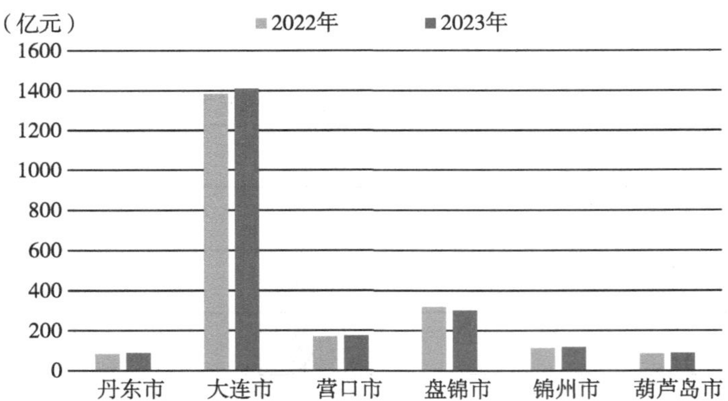

图 3-2　辽宁沿海地区各海港城市港口经济增加值变化趋势

辽宁沿海地区港口经济类型以石油、煤炭及其他燃料加工业，化学原料和化学制品制造业，农业，批发和零售业等为主，发展模式主要以传统优势型产业为主，集中在资源类产品加工、装备制造等领域，尚未形成区域性的产业竞争优势（图 3–3）。

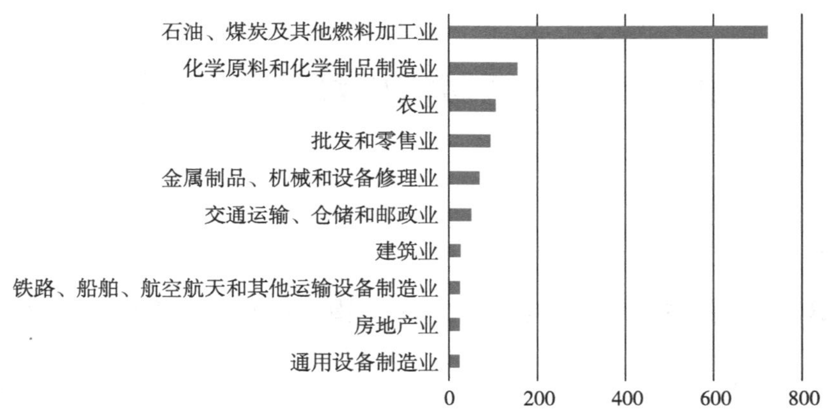

图 3-3　辽宁沿海地区港口经济主要产业类型（单位：亿元）

2. 津冀沿海地区港口经济发展现状

2023 年，津冀沿海地区港口经济增加值达到 4075 亿元，占到我国海港城市港口经济总量的 6.6%，对津冀沿海区域 GDP 贡献率达到 12.6%。从各个海港城市港口经济发展规模来看，唐山市、天津市港口经济增加值远高于其他城市，占到区域的88%以上，沧州市、秦皇岛市港口经济增加值较小，形成了“两核两节点”的发展格局。与2022年相比，唐山市港口经济增长较快（图3–4）。

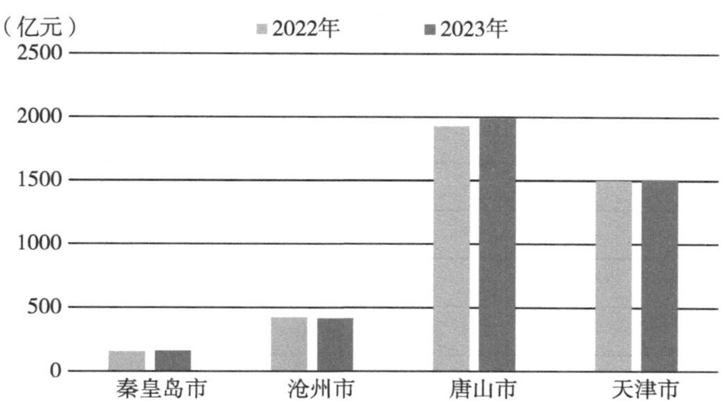

图3-4　津冀沿海地区各海港城市港口经济增加值变化趋势

津冀沿海地区港口经济类型以黑色金属冶炼和压延加工业，交通运输、仓储和邮政业，石油、煤炭及其他燃料加工业，批发和零售业，化学原料和化学制品制造业等产业为主，产业分区明显（图3–5）。

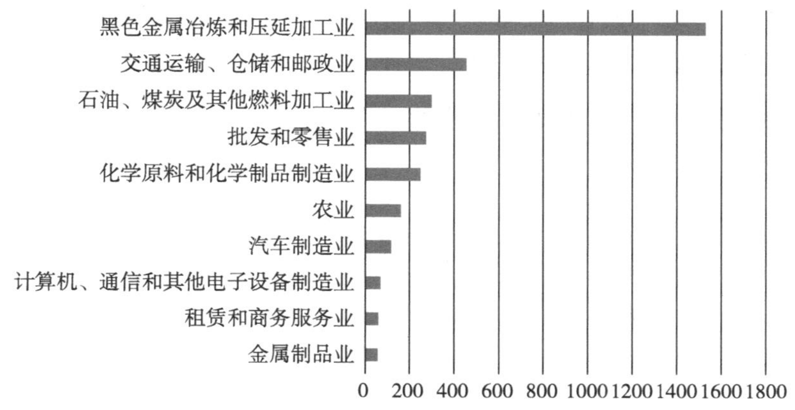

图3-5　津冀沿海地区港口经济主要产业类型（单位：亿元）

3. 山东沿海地区港口经济发展现状

2023年，山东沿海地区港口经济增加值达到5714亿元，占到我国海港城市港口经济总量的9.3%，对山东沿海区域GDP贡献率达到12.3%。从各个城市港口经济发展规模来看，青岛市、烟台市港口经济增加值高于其他城市，潍坊市、东营市港口经济增加值处于中等，滨州市、日照市、威海市港口经济增加值相对较小，形成了“两核五节点”的港口经济发展格局。与2022年相比，烟台市、青岛市和东营市港口经济均实现了较快增长（图3–6）。

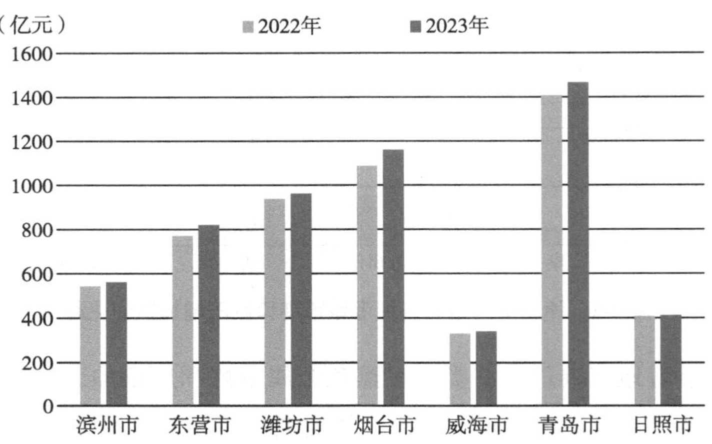

图 3-6　山东沿海地区各海港城市港口经济增加值变化趋势

山东沿海地区港口经济类型主要有石油、煤炭及其他燃料加工业，化学原料和化学制品制造业，批发和零售业、交通运输、仓储和邮政业，农业，有色金属冶炼和压延加工业，建筑业，黑色金属冶炼和压延加工业，农副食品加工业等（图3–7）。

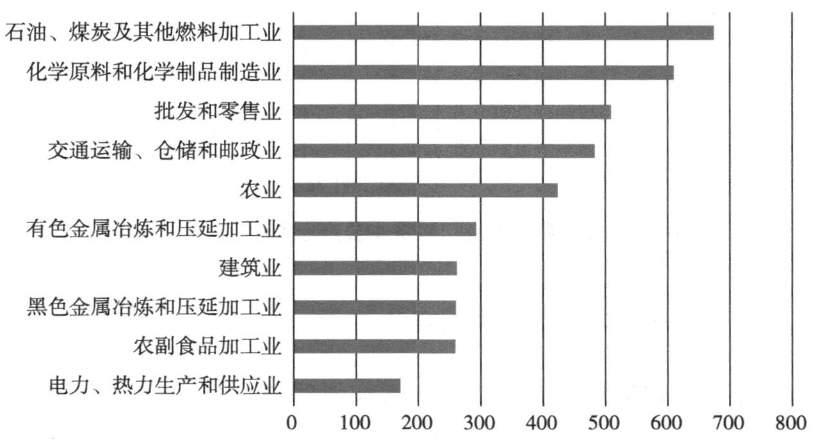

图 3-7　山东沿海地区港口经济主要产业类型（单位：亿元）

4. 长三角沿海地区港口经济发展现状

本次研究长三角沿海地区主要包括上海市以及浙江省、江苏省所有海港城市。2023 年，长三角沿海地区港口经济增加值达到 2.8 万亿元，占到我国海港城市港口经济总量的 44.7%，对长三角沿海区域 GDP 贡献率达到 13.9%。从各个城市港口经济发展规模来看，上海市港口经济增加值高于其他城市，占到区域的四分之一左右，形成了“一核四心多节点”的港口经济发展格局。与 2022 年相比，上海市港口经济快速增长，宁波市、温州市、无锡市、常州市、连云港市、台州市等城市港口经济较快增长（图 3–8）。

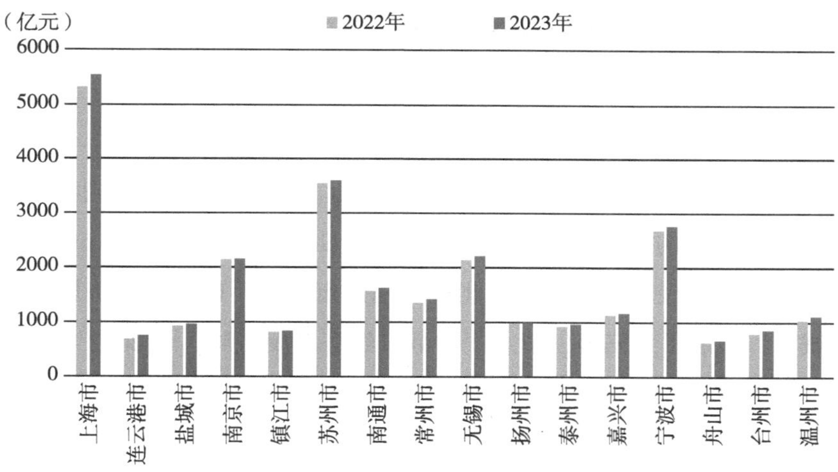

图 3-8　长三角沿海各海港城市港口经济增加值变化趋势

总体来看，长三角沿海地区港口经济类型主要包括批发和零售业，化学原料和化学制品制造业，石油、煤炭及其他燃料加工业，黑色金属冶炼和压延加工业，电力、热力生产和供应业，计算机、通信和其他电子设备制造业，交通运输、仓储和邮政业，电气机械和器材制造业，汽车制造业和建筑业等，发展模式主要以战略性新兴产业和现代服务业为主，区域性产业竞争优势明显（图 3–9）。

图 3-9 长三角沿海地区港口经济主要产业类型（单位：亿元）

5. 福建沿海地区港口经济发展现状

2023 年，福建沿海地区港口经济增加值达到 7116 亿元，占到我国海港城市港口经济总量的 11.5%，对福建沿海区域 GDP 贡献率达到 15.5%。从各个城市港口经济发展规模来看，泉州市、福州市、厦门市港口经济增加值高于其他城市，形成了“三核三节点”的港口经济发展格局。与 2022 年相比，福州市、宁德市港口经济增长较快（图 3–10）。

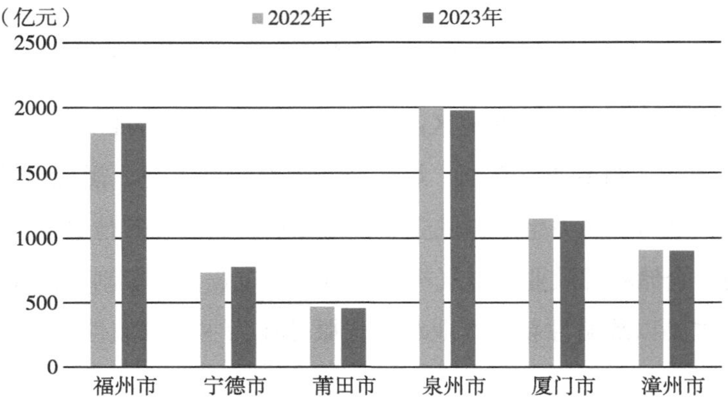

图 3-10 福建沿海地区各海港城市港口经济增加值变化趋势

福建沿海地区港口经济类型主要以批发和零售业，交通运输、仓储和邮政业，电力、热力生产和供应业，计算机、通信和其他电子设备制造业，农业，黑色金属冶炼和压延加工业，房地产业，非金属矿物制品业，电气机械和器材制造业，皮革、毛皮、羽毛及其制品和制鞋业等产业为主，集成电路、生物医药、新材料等新兴产业正在发展（图 3–11）。

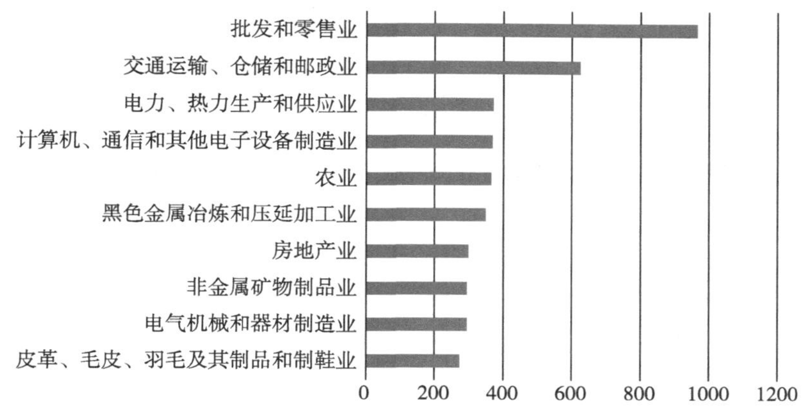

图 3-11　福建沿海地区港口经济主要产业类型（单位：亿元）

6. 广东沿海地区港口经济发展现状

2023 年，广东沿海地区港口经济增加值达到 1.4 万亿元，占到我国海港城市港口经济总量的 22.3%，对广东沿海区域 GDP 贡献率达到 12.3%。从各个城市港口经济发展规模来看，广州市、深圳市、东莞市、惠州市港口经济增加值远高于其他城市，形成了“两核两心多节点”的港口经济发展格局。与 2022 年相比，深圳市、广州市港口经济快速增长（图 3–12）。

广东沿海地区港口经济类型以批发和零售业，计算机、通信和其他电子设备制造业，电力、热力生产和供应业，石油、煤炭及其他燃料加工业，农业，交通运输、仓储和邮政业，电气机械和器材制造业，化学原料和化学制品制造业，汽车制造业，建筑业等产业为主，发展模式主要以战略性新兴产业和现代服务业为主，区域性产业竞争优势明显（图 3–13）。

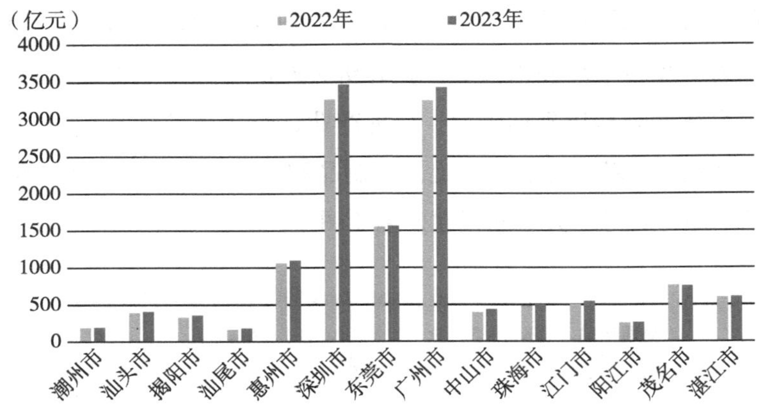

图 3-12　广东沿海地区各海港城市港口经济增加值变化趋势

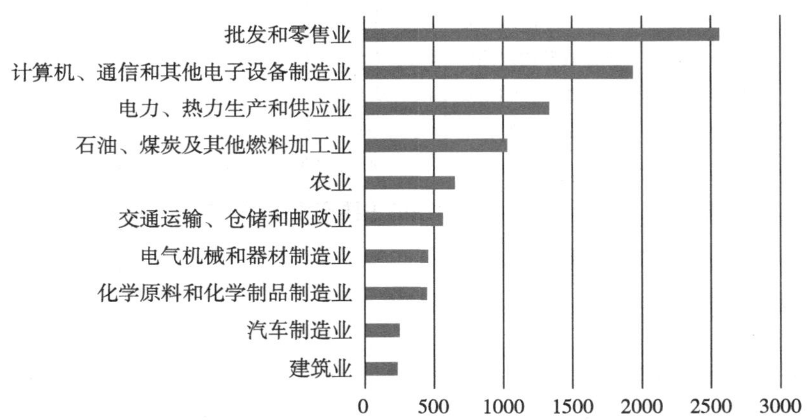

图 3-13　广东沿海地区港口经济主要产业类型（单位：亿元）

7. 西南沿海地区港口经济发展现状

本次研究西南沿海地区主要包括广西和海南所有海港城市。2023 年，西南沿海地区港口经济增加值达到 1285 亿元，占到我国海港城市港口经济总量的 2.1%，对西南沿海区域 GDP 贡献率达到 14.1%。从各个城市港口经济发展规模来看，海口市港口经济增加值远高于其他城市，形成了“三核多节点”的港口经济发展格局。与 2022 年相比，海口市、儋州市港口经济较快增长（图 3–14）。

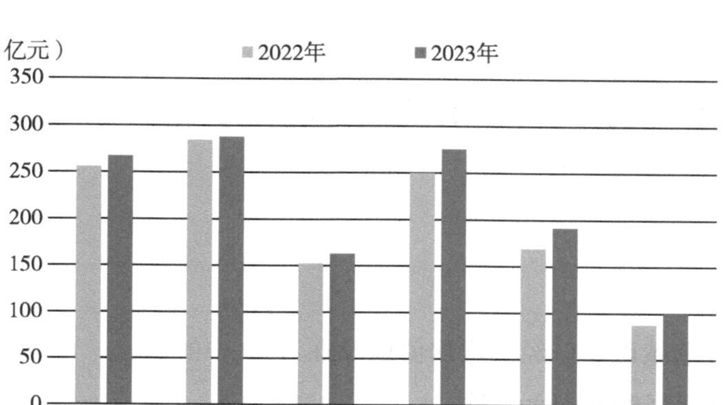

图 3-14　西南沿海地区各海港城市港口经济增加值变化趋势

西南沿海地区的港口经济类型主要以批发和零售业，交通运输、仓储和邮政业，石油、煤炭及其他燃料加工业，黑色金属冶炼和压延加工业，电力、热力生产和供应业等为主，发展模式主要以传统优势型产业和服务业为主（图 3–15）。

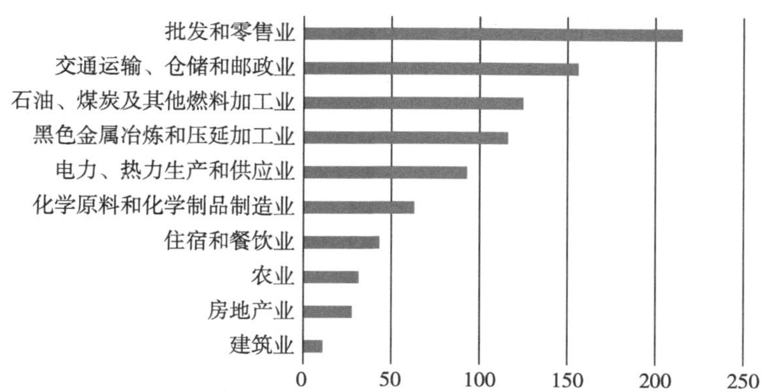

图 3-15　西南沿海地区港口经济主要产业类型（单位：亿元）

第三节 各海港城市港口经济发展现状

根据海港城市港口经济增加值以及在GDP中的占比，可以将海港城市港口经济的发展规模分成六大类。

第一大类是港口经济增加值大于2000亿元，港口经济增加值在GDP中的占比超过全国平均水平13.4%，主要海港城市包括苏州市、宁波市和无锡市。

第二大类是港口经济增加值大于2000亿元，港口经济增加值在GDP中的占比低于全国平均水平，主要海港城市包括上海市、深圳市、广州市和南京市。

第三大类是港口经济增加值为1000亿~2000亿元，港口经济增加值在GDP中的占比高于全国平均水平，主要海港城市包括唐山市、泉州市、福州市、南通市、东莞市、常州市、大连市、嘉兴市、厦门市、惠州市和扬州市。

第四大类是港口经济增加值为1000亿~2000亿元，港口经济增加值在GDP中的占比低于全国平均水平，主要海港城市包括天津市、青岛市、烟台市和温州市。

第五大类是港口经济增加值小于1000亿元，港口经济增加值在GDP中的占比高于全国平均水平，主要海港城市包括泰州市、漳州市、台州市、镇江市、东营市、宁德市、茂名市、连云港市、舟山市、滨州市、湛江市、江门市、莆田市、日照市、揭阳市、盘锦市、钦州市、北海市、阳江市、潮州市、儋州市和防城港市。

第六大类是港口经济增加值小于1000亿元，港口经济增加值在GDP中的占比低于全国平均水平，主要海港城市包括潍坊市、盐城市、珠海市、中山市、汕头市、沧州市、威海市、海口市、汕尾市、营口市、秦皇岛市、锦州市、三亚市、葫芦岛市和丹东市。

第四章　中国沿海区域港口经济分类

第一节　港口经济分类

1. 分类特征

根据前文提出的港口经济的概念及其特征内涵，可以从该产业纳入港口经济的规模大小和其对港口运输的依赖程度两个角度去考察港口经济的分类。通过对全国 59 个海港城市不同产业港口经济增加值和对港口的依存程度进行测算及汇总，可以得到全国不同产业港口经济增加值和对港口的依存程度，结果如表 4–1 所示。

表 4-1　　沿海区域港口经济产业规模及对港口依赖程度　　单位：万亿元

产业类型	产业类别	港口经济规模	产业依赖度（%）
一产	农业	2298	15
二产	石油和天然气开采业	48	4
	农副食品加工业	564	20
	食品制造业	314	19
	酒、饮料和精制茶制造业	110	15
	烟草制品业	198	15
	纺织业	341	15

续表

产业类型	产业类别	港口经济规模	产业依赖度（%）
二产	纺织服装、服饰业	342	14
	皮革、毛皮、羽毛及其制品和制鞋业	373	21
	木材加工和木、竹、藤、棕、草制品业	73	21
	家具制造业	129	16
	造纸和纸制品业	348	25
	印刷和记录媒介复制业	204	26
	文教、工美、体育和娱乐用品制造业	280	17
	石油、煤炭及其他燃料加工业	4421	66
	化学原料和化学制品制造业	3652	45
	橡胶和塑料制品业	721	21
	非金属矿物制品业	898	24
	黑色金属冶炼和压延加工业	3661	56
	有色金属冶炼和压延加工业	591	19
	金属制品业	842	19
	通用设备制造业	1014	18
	专用设备制造业	734	16
	汽车制造业	1220	15
	铁路、船舶、航空航天和其他运输设备制造业	335	19
	电气机械和器材制造业	1758	18
	计算机、通信和其他电子设备制造业	3706	21
	仪器仪表制造业	175	13
	电力、热力生产和供应业	3321	57
	燃气生产和供应业	229	19
	水的生产和供应业	82	13
	建筑业	1306	6
	其他工业	5942	15
三产	金属制品、机械和设备修理业	118	22
	批发和零售业	8872	19
	交通运输、仓储和邮政业	3422	19
	住宿和餐饮业	583	11
	信息传输、软件和信息技术服务业	410	3
	金融业	130	0

续表

产业类型	产业类别	港口经济规模	产业依赖度（%）
三产	房地产业	1180	4
	租赁和商务服务业	250	2
	科学研究和技术服务业	207	3
	水利、环境和公共设施管理业	184	17
	居民服务、修理和其他服务业	283	12
	教育	177	2
	卫生和社会工作	217	4
	文化、体育和娱乐业	62	6
	公共管理、社会保障和社会组织	23	0

2. 聚类方法

本研究采用 k-Means 聚类方法对港口经济进行分类。k- 平均（k-Means），也被称为 k- 均值，是一种得到最广泛使用的聚类算法。k-Means 算法以 k 为参数，把 n 个对象分为 k 个簇，使得簇内具有较高的相似度。首先随机选择 k 个对象，每个对象初始地代表了一个簇的平均值或中心。对剩余的每个对象根据其与各个簇中心的距离，将它赋给最近的簇。然后重新计算每个簇的平均值。这个过程不断重复，直到上述平方误差总和收敛。

评价函数更好的标准是同一簇中的对象越接近越好，而不同簇中的对象越远越好，目标是最小化所有对象与其簇中心之间相异度之和。各个簇应该是紧凑的，各个簇间的距离应当尽可能远。因此，用聚类 C 的类内差异 w(C) 和类间差异 b(C) 分别衡量上述两要求。

$$w(C)=\sum_{i=1}^{k} w(C_i)=\sum_{i=1}^{k}\sum_{x\in C_i} d(x,\bar{x})$$

$$b(C)=\sum_{1\le j\le i\le k} d(\bar{x}_j,\bar{x}_i)^2$$

其中，$\bar{x}_i$ 是类 C_i 的聚类中心，d 为距离函数。聚类 C 的总体质量可以被定义为 $\frac{b(C)}{w(C)}$。k-Means 算法用类内均值作为聚类中心、用欧氏距离定义 d，并使上述 w(C) 最小化。优化目标为：

$$\arg\max_{C}\sum_{i=1}^{k}\sum_{x\hat{I}C_i}\|x-\bar{x}_i\|^2$$

表示选取合适的 C 使得所有对象的平方误差总和最小，其中 x 是空间中的点，$\bar{x}_i$ 是簇 C_i 的平均值，这个优化目标可以保证生成的结果簇尽可能地紧凑和独立。

3. 分类结果

可以从港口经济规模和产业对港口依赖程度两个纬度对沿海区域港口经济进行分类。

（1）根据港口经济规模分类

参考 k-Means 聚类结果，根据各个产业的港口经济规模，可以将各个产业分成三大类：主要产业、次要产业和一般产业。

主要产业港口经济增加值范围在 1000 亿元以上，主要包括批发和零售业，石油、煤炭及其他燃料加工业，计算机、通信和其他电子设备制造业，黑色金属冶炼和压延加工业，化学原料和化学制品制造业，交通运输、仓储和邮政业，电力、热力生产和供应业，农业，电气机械和器材制造业，建筑业，汽车制造业，房地产业和通用设备制造业。

次要产业港口经济增加值范围在 300 亿 ~1000 亿元，主要包括非金属矿物制品业，金属制品业，专用设备制造业，橡胶和塑料制品业，有色金属冶炼和压延加工业，住宿和餐饮业，农副食品加工业，信息传输、软件和信息技术服务业，皮革、毛皮、羽毛及其制品和制鞋业，造纸和纸制品业，纺织服装、服饰业，纺织业，铁路、船舶、航空航天和其他运输设备制造业和食品制造业。

一般产业港口经济增加值范围在 300 亿元以下，主要包括居民服务、修理和其他服务业，文教、工美、体育和娱乐用品制造业，租赁和商务服务业，燃气生产和供应业，卫生和社会工作，科学研究和技术服务业，印刷和记录媒介复制业，烟草制品业，水利、环境和公共设施管理业，教育，仪器仪表制造业，金融业，家具制造业，金属制品、机械和设备修理业，酒、饮料和精制茶制造业，水的生产和供应业，木材加工和木、竹、藤、棕、草制品业，文化、体育和娱乐业，石油和天然气开采业，公共管理、社会保障和社会组织（表4–2）。

表4-2　沿海区域港口经济按产业规模分类　单位：万亿元

分类	产业类别	港口经济规模
主要产业	批发和零售业	8872
	石油、煤炭及其他燃料加工业	4421
	计算机、通信和其他电子设备制造业	3706
	黑色金属冶炼和压延加工业	3661
	化学原料和化学制品制造业	3652
	交通运输、仓储和邮政业	3422
	电力、热力生产和供应业	3321
	农业	2298
	电气机械和器材制造业	1758
	建筑业	1306
	汽车制造业	1220
	房地产业	1180
	通用设备制造业	1014
次要产业	非金属矿物制品业	898
	金属制品业	842
	专用设备制造业	734
	橡胶和塑料制品业	721
	有色金属冶炼和压延加工业	591
	住宿和餐饮业	583
	农副食品加工业	564
	信息传输、软件和信息技术服务业	410
	皮革、毛皮、羽毛及其制品和制鞋业	373
	造纸和纸制品业	348
	纺织服装、服饰业	342
	纺织业	341
	铁路、船舶、航空航天和其他运输设备制造业	335
	食品制造业	314

续表

分类	产业类别	港口经济规模
一般产业	居民服务、修理和其他服务业	283
	文教、工美、体育和娱乐用品制造业	280
	租赁和商务服务业	250
	燃气生产和供应业	229
	卫生和社会工作	217
	科学研究和技术服务业	207
	印刷和记录媒介复制业	204
	烟草制品业	198
	水利、环境和公共设施管理业	184
	教育	177
	仪器仪表制造业	175
	金融业	130
	家具制造业	129
	金属制品、机械和设备修理业	118
	酒、饮料和精制茶制造业	110
	水的生产和供应业	82
	木材加工和木、竹、藤、棕、草制品业	73
	文化、体育和娱乐业	62
	石油和天然气开采业	48
	公共管理、社会保障和社会组织	23

（2）根据产业对港口的依赖程度分类

参考 k-Means 聚类结果，根据产业对港口的依赖程度，可以将各个产业分成三大类：依赖型产业、相关型产业和弱相关型产业。

依赖型产业对港口的依赖程度较强，依赖程度大于 40%，主要包括石油、煤炭及其他燃料加工业，电力、热力生产和供应业，黑色金属冶炼和压延加工业，化学原料和化学制品制造业。

相关型产业对港口的依赖程度一般，依赖程度在 11%~40%，主要包括印刷和记录媒介复制业，造纸和纸制品业，非金属矿物制品业，金属制品、机械和设备修理业，木材加工和木、竹、藤、棕、草制品业，橡胶和塑料制品业，计算机、通信和其他电子设备制造业，皮革、毛皮、羽毛及其制品和制鞋业，农副食品加工业，金属制品业，有色金属冶炼和压延加工业，铁路、船舶、航空航天和其他运输设备制造业，燃气生产和供应业，食品制造业，交通运输、仓储和邮政业，批发和零售业，通用设备制造业，电气机械和器材制造业，文教、工美、体育和娱乐用品制造业，水利、环境和公共设施管理业，专用设备制造业，家具制造业，酒、饮料和精制茶制造业，农业，烟草制品业，汽车制造业，纺织业，纺织服装、服饰业，水的生产和供应业，仪器仪表制造业，居民服务、修理和其他服务业，住宿和餐饮业。

弱相关型产业对港口的依赖程度较小，依赖程度小于10%，主要包括建筑业，文化、体育和娱乐业，卫生和社会工作，房地产业，石油和天然气开采业，信息传输、软件和信息技术服务业，科学研究和技术服务业，租赁和商务服务业，教育，公共管理、社会保障和社会组织，金融业（表4–3）。

表4-3　　　　沿海区域港口经济按对港口依赖程度分类

分类	产业类别	对港口依赖程度（%）
依赖型产业	石油、煤炭及其他燃料加工业	66
	电力、热力生产和供应业	57
	黑色金属冶炼和压延加工业	56
	化学原料和化学制品制造业	45
相关型产业	印刷和记录媒介复制业	26
	造纸和纸制品业	25
	非金属矿物制品业	24
	金属制品、机械和设备修理业	22
	木材加工和木、竹、藤、棕、草制品业	21
	橡胶和塑料制品业	21
	计算机、通信和其他电子设备制造业	21
	皮革、毛皮、羽毛及其制品和制鞋业	21
	农副食品加工业	20
	金属制品业	19
	有色金属冶炼和压延加工业	19
	铁路、船舶、航空航天和其他运输设备制造业	19
	燃气生产和供应业	19

续表

分类	产业类别	对港口依赖程度（%）
相关型产业	食品制造业	19
	交通运输、仓储和邮政业	19
	批发和零售业	19
	通用设备制造业	18
	电气机械和器材制造业	18
	文教、工美、体育和娱乐用品制造业	17
	水利、环境和公共设施管理业	17
	专用设备制造业	16
	家具制造业	16
	酒、饮料和精制茶制造业	15
	农业	15
	烟草制品业	15
	汽车制造业	15
	纺织业	15
	纺织服装、服饰业	14
	水的生产和供应业	13
	仪器仪表制造业	13
	居民服务、修理和其他服务业	12
	住宿和餐饮业	11
弱相关型产业	建筑业	6
	文化、体育和娱乐业	6
	卫生和社会工作	4
	房地产业	4
	石油和天然气开采业	4
	信息传输、软件和信息技术服务业	3
	科学研究和技术服务业	3
	租赁和商务服务业	2
	教育	2
	公共管理、社会保障和社会组织	0
	金融业	0

第二节　沿海区域主要港口经济类型空间分布

1. 第二产业港口经济主要产业空间分布

在第二产业内部，港口经济主要产业包括石油、煤炭及其他燃料加工业，计算机、通信和其他电子设备制造业，黑色金属冶炼和压延加工业，化学原料和化学制品制造业，电力、热力生产和供应业，电气机械和器材制造业，建筑业，汽车制造业，通用设备制造业（图 4–1）。

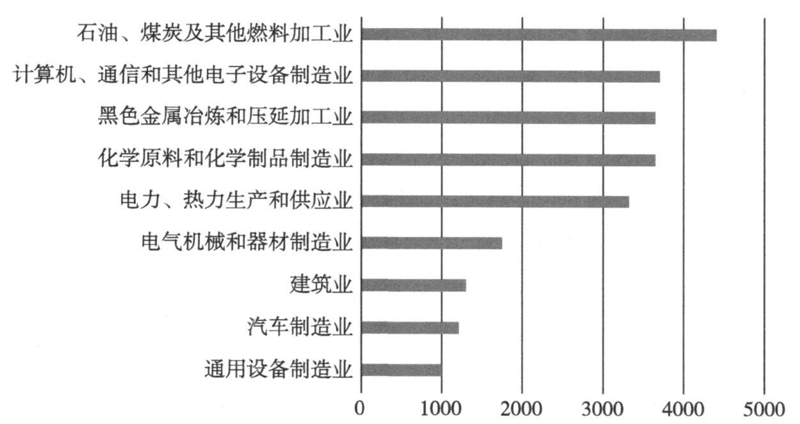

图 4-1　第二产业港口经济主要产业（单位：亿元）

2023 年石油、煤炭及其他燃料加工业港口经济增加值达到 4421 亿元，占全国海港城市港口经济总规模的 7.2%，在沿海地区分布较广。石油、煤炭及其他燃料加工业港口经济增加值规模较大的海港城市主要包括大连市、东营市、舟山市、宁波市、茂名市、惠州市、上海市、泉州市、天津市、南京市等。

2023 年计算机、通信和其他电子设备制造业港口经济增加值达到 3706 亿元，占全国海港城市港口经济总规模的6.0%，主要分布在广东沿海地区和长三角沿海地区。计算机、通信和其他电子设备制造业港口经济增加值较大的海港城市主要包括深圳市、苏州市、东莞市、厦门市、上海市、惠州市、广州市、福州市、青岛市、无锡市等。

2023年黑色金属冶炼和压延加工业港口经济增加值达到3661亿元，占全国海港城市港口经济总规模的5.9%，主要分布在津冀沿海地区和长三角沿海地区。黑色金属冶炼和压延加工业港口经济增加值较大的海港城市主要包括唐山市、苏州市、无锡市、上海市、南京市、日照市、常州市、天津市、福州市和漳州市等。

2023年化学原料和化学制品制造业港口经济增加值达到3652亿元，占全国海港城市港口经济总规模的5.9%，主要分布在长三角沿海地区、广东沿海地区和津冀沿海地区。化学原料和化学制品制造业港口经济增加值较大的海港城市主要包括上海市、宁波市、苏州市、南京市、天津市、嘉兴市、青岛市、东营市、无锡市、大连市等。

2023年电力、热力生产和供应业港口经济增加值达到3321亿元，占全国海港城市港口经济总规模的5.4%，主要分布在长三角沿海地区和广东沿海地区。电力、热力生产和供应业港口经济增加值较大的海港城市主要包括上海市、广州市、宁波市、深圳市、嘉兴市、阳江市、温州市、东莞市、福州市和江门市等。

2023年电气机械和器材制造业港口经济增加值达到1758亿元，占全国海港城市港口经济总规模的2.8%，主要分布在长三角沿海地区。电气机械和器材制造业港口经济增加值较大的海港城市主要包括宁德市、无锡市、苏州市、常州市、宁波市、上海市、深圳市、东莞市、中山市、南京市等。

2023年汽车制造业港口经济增加值达到1220亿元，占全国海港城市港口经济总规模的2.0%，主要分布长三角沿海地区和广东沿海地区。汽车制造业港口经济增加值较大的海港城市主要包括上海市、广州市、苏州市、天津市、南京市、无锡市、宁波市、常州市、青岛市、福州市等。

2023年通用设备制造业港口经济增加值达到1014亿元，占全国海港城市港口经济总规模的1.6%，主要分布长三角沿海地区和广东沿海地区。通用设备制造业港口经济增加值较大的海港城市主要包括上海市、苏州市、宁波市、无锡市、台州市、东莞市、嘉兴市、温州市、广州市、深圳市等。

2. 第三产业港口经济主要产业空间分布

在第三产业内部，港口经济主要产业包括批发和零售业，交通运输、仓储和邮政业，房地产业（图4–2）。

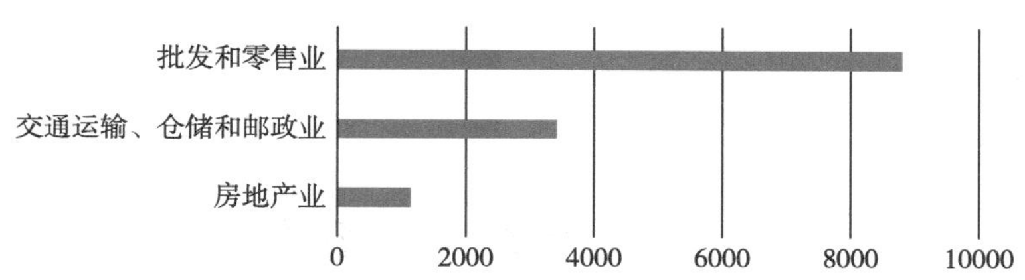

图4-2　第三产业港口经济主要产业（单位：亿元）

2023年批发和零售业港口经济增加值达到8872亿元，占全国海港城市港口经济总规模的14.4%，主要分布长三角沿海地区和广东沿海地区。批发和零售业港口经济增加值较大的海港城市主要包括上海市、广州市、深圳市、苏州市、无锡市、宁波市、南京市、泉州市、福州市和温州市等。

2023年交通运输、仓储和邮政业港口经济增加值达到3422亿元，占全国海港城市港口经济总规模的5.5%，分布范围较广。交通运输、仓储和邮政业港口经济增加值较大的海港城市主要包括上海市、广州市、青岛市、天津市、福州市、宁波市、泉州市、唐山市、厦门市和深圳市等。

2023年房地产业港口经济增加值达到1180亿元，占全国海港城市港口经济总规模的1.9%，主要分布在长三角沿海地区。房地产业港口经济增加值较大的海港城市主要包括上海市、福州市、泉州市、苏州市、青岛市、厦门市、广州市、深圳市、漳州市和南京市等。

第五章　中国沿海区域港口经济影响因素分析

第一节　相关性分析方法

1. 皮尔逊相关性分析

皮尔逊相关性分析用于评估两个连续变量间的线性相关程度。其相关系数值介于 –1 与 1 之间，绝对值越接近 1，表示线性关系越强。

皮尔逊相关系数计算公式：

$$r=\frac{\sum_{i=1}^{n}(x_i-\bar{X})(y_i-\bar{Y})}{\sqrt{\sum_{i=1}^{n}(x_i-\bar{X})^2}\sqrt{\sum_{i=1}^{n}(y_i-\bar{Y})^2}}$$

当 $|r|>0.7$ 时为强相关，$0.4<|r|\leqslant 0.7$ 时为中等相关，$|r|\leqslant 0.4$ 时为弱相关。

2. 肯德尔相关分析

肯德尔相关分析是一种用于衡量两个变量之间排序一致性的非参数统计方法。它基于数据对象的秩来计算两个变量之间的相关性，特别适用于处理非线性关系和异常值，以及具有等级或排序特性的变量。肯德尔相关系数的

取值范围在 –1 到 1 之间。绝对值越接近 1，表示两个变量之间的相关性越强；绝对值越接近 0，表示相关性越弱。

$$\tau = \frac{N_c - N_d}{n(n-1)/2}$$

0.8 到 1 之间通常被认为是非常强的相关，0.6 到 0.8 为强相关，0.4 到 0.6 为中等相关，0.2 到 0.4 为弱相关，小于 0.2 则被认为是非常弱或无相关。

3. 斯皮尔曼相关性分析

斯皮尔曼相关性分析是一种衡量两个分级定序变量之间相关程度的非参数统计方法。它利用单调方程评价两个统计变量的相关性，通过对原始数据进行等级变换，然后计算等级之间的相关性来得出结果。

$$\rho = 1 - \frac{6\sum d_i^2}{n(n^2-1)}$$

其中：ρ 表示斯皮尔曼相关系数；d_i 是每对观测值在排序后的秩次之差，即两个变量各自排序后的秩次差；n 是观测值的总数；$\sum d_i$ 表示所有秩次差的平方和。等于 0：表示两个参数之间没有相关性，即完全不相关。大于 0.8：表示两个变量之间有强相关性。低于 0.3：表示两个变量之间的相关性很弱。

4. 典型相关分析

研究两组变量（每组变量中都有可能存在多个指标）之间的相关关系的一种多元统计方法，能够揭示出两组变量之间的内在联系。基本思想和主成分分析非常相似，首先在每组变量中找出变量的线性组合，使得两组变量的线性组合之间具有最大的相关系数。然后选取和最初挑选的这对线性组合不相关的线性组合，使其配对，并选取相关系数最大的一对，如此继续下去，直到两组变量之间的相关性被提取完毕为止。被选出的线性组合配对称为典型变量，它们的相关系数称为典型相关系数。典型相关系数度量了这两组变量之间联系的强度。

$$\rho_i^* = \frac{\mathrm{cov}(U_i, V_i)}{\sqrt{\mathrm{var}(U_i)\mathrm{var}(V_i)}}$$

其中：$cov(U_i,V_i)$ 为两组变量之间的协方差，$var(U_i)$ 是指 U_i 的方差，$var(V_i)$ 是指 V_i 的方差。

第二节 港口经济相关性测算

1. 港口经济与单因素相关性测算分析

为了找到港口经济的影响因素，从城市的港口条件、区位条件、产业基础、政策环境和双循环发展水平等五个方面选取 15 个指标，将 2023 年 59 个海港城市的 15 个指标与其港口经济增加值采用皮尔逊、肯德尔和斯皮尔曼三种方法进行相关性分析，结果如表 5–1 所示。

表5-1 海港城市临港产业发展影响因素相关性分析

指标名称	皮尔逊相关性	肯德尔相关性	斯皮尔曼相关性
码头能力	0.568	0.328	0.487
航道等级	0.435	0.347	0.451
港口枢纽地位	0.557	0.323	0.443
港口运输发展水平	0.631	0.426	0.591
交通区位	0.488	0.281	0.370
城市等级	0.663	0.431	0.523
城市群位置	0.639	0.504	0.615
工业增加值（亿元）	0.946	0.842	0.951
服务业增加值（亿元）	0.921	0.753	0.878
重工业比重（%）	–0.078	–0.098	–0.141
战略性新兴产业比重（%）	0.585	0.439	0.602
营商环境	0.789	0.733	0.889
自贸区政策	0.582	0.289	0.349

续表

指标名称	皮尔逊相关性	肯德尔相关性	斯皮尔曼相关性
外贸进出口额（亿元）	0.863	0.689	0.870
批发零售业规模（亿元）	0.928	0.706	0.871

根据测算结果，选取的 15 个指标与港口经济的相关性差距很大，可以大致分成三类（图 5–1）。

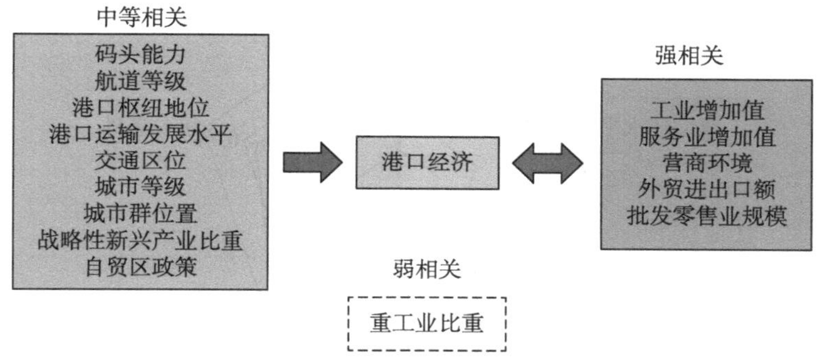

图 5-1　各指标与港口经济相关性分析结果

第一大类是强相关型，包括海港城市的工业增加值、服务业增加值、营商环境、外贸进出口额和批发零售业规模等 5 个指标，从因果分析角度看，港口经济与这些指标是相互影响、相互促进的关系。

第二大类是中等相关型，包括码头能力、航道等级、港口枢纽地位、港口运输发展水平、交通区位、城市等级、城市群位置、战略性新兴产业比重、自贸区政策等 9 个指标，从因果分析角度看，这些指标能够促进和影响港口经济的发展，但是港口经济对码头能力、航道等级、港口运输发展水平、交通区位、城市等级、城市群位置、战略性新兴产业比重、自贸区政策等发展的影响程度较小。

第三大类是弱相关型，包括重工业比重 1 个指标，港口经济的发展与重工业比重相关性较弱。

2. 港口经济与复合因素相关性测算分析

根据上述港口经济与单因素相关性测算分析，将与港口经济关联性较弱的重工业比重 1 个指标剔除，将其余 14 个指标分成城市的港口条件、区位条件、产业基础、政策环境和双循环发展水平等 5 大方面，合成 5 个综合指标再与港口经济增加值进行相关分析。分析结果显示，海港城市的产业基础和双循环水平与港口经济的相关性更强，相关系数分别达到了 0.98 和 0.95，而政策环境、区位条件和港口条件与港口经济的相关性弱一点，相关系数分别为 0.83、0.74 和 0.63（图 5–2）。

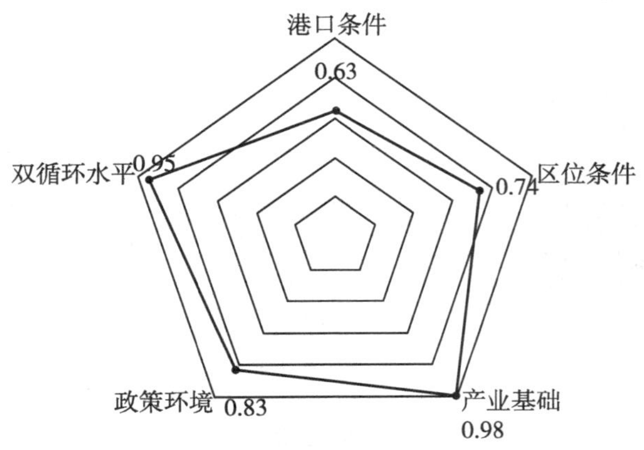

图 5-2　港口经济影响因素相关性分析

从以上测算结果，可以得出以下结论。

①随着我国产业结构的转型升级，一个城市的重工业化水平与当地港口经济的发展规模的关联性日益减小，与战略性新兴产业比重具有较强相关性，港口经济的发展已经不再单纯依靠重化产业的拉动，从另一个方面也说明，港口在服务产业方面更加多元化，对于战略性新兴产业的支撑作用不断加强。

②港口经济与海港城市的工业增加值、服务业增加值、营商环境、外贸进出口额和批发零售业规模关联性非常强，这说明一个城市港口经济的发展与该城市经济、产业、对外和对内开放水平的发展密不可分，大力发展港口经济是提升该城市经济、产业、对外和对内开放水平的重要途径。

③港口经济与码头能力、航道等级、港口运输发展水平、交通区位、城市等级、城市群位置、自贸区政策等指标的关联性是较为紧密的，可以采取相关措施提高码头能力、航道等级，提升港口运输发展水平，改善城市交通区位环境，引入相关自贸区政策等，促进本地港口经济的发展。

第六章　中国海港城市港口经济时空演变

第一节　港口经济格局演变

根据港口经济增加值测算方法对2010年中国海港城市港口经济增加值进行测算。经测算，2010年我国海港城市港口经济增加值为2.6万亿元，2010年以来年均增速达到了6.3%，保持了较高的增长速度，2023年港口经济规模已经增长到2010年的2.4倍。2010年长三角区域、广东沿海的海港城市港口经济增加值分别占到全国海港城市的46.7%和24.3%，是我国沿海地区港口经济最发达的区域。从空间格局上看，与现状相比，2010年中国海港城市港口经济更集中于长三角和珠三角区域，福建沿海和西南沿海区域港口经济发展相对更弱。

与2010年相比，津冀、山东、福建、西南沿海地区海港城市港口经济在全国的占比分别提升了0.3、0.1、2.8和0.8个百分点，辽宁、长三角、广东沿海港口经济在全国的占比分别下降了0.6、1.5和1.8个百分点。从空间格局上看，沿海城市港口经济的发展呈现出了由“相对集中”到“更加均衡”，由全国“单中心”向“多中心”发展的态势。

第二节　主要产业类型变化分析

2010年海港城市的港口经济增加值中，一产、二产、三产比重为4.5 ：70.1：25.3。随着我国产业结构的不断调整，港口经济增加值中比重也在不断变化，2023年一产、二产、三产比重分别为4.0 ：64.5 ：31.2，一产、二产比重下降，三产比重上升。

从港口经济主要产业类型的变化特征来看，批发和零售业，化学原料和化学制品制造业，石油、煤炭及其他燃料加工业，计算机、通信和其他电子设备制造业，黑色金属冶炼和压延加工业，交通运输、仓储和邮政业，电力、热力生产和供应业，农业，电气机械和器材制造业等，从2010年以来一直都是规模较大的产业，排名位次变化较小。铁路、船舶、航空航天和其他运输设备制造业以及纺织业等行业排名下降较快。房地产业、金属制品业和专用设备制造业等行业排名上升较快（表6-11）。

表6-1　　2010年和2023年海港城市主要产业类型　　单位：亿元

2010年			2023年		
名次	行业名称	港口经济增加值	名次	行业名称	港口经济增加值
1	批发和零售业	3338	1	批发和零售业	9565
2	化学原料和化学制品制造业	2571	2	化学原料和化学制品制造业	5390
3	计算机、通信和其他电子设备制造业	1832	3	石油、煤炭及其他燃料加工业	4725
4	石油、煤炭及其他燃料加工业	1826	4	计算机、通信和其他电子设备制造业	4237
5	黑色金属冶炼和压延加工业	1693	5	黑色金属冶炼和压延加工业	3635
6	电力、热力生产和供应业	1649	6	交通运输、仓储和邮政业	3630

续表

2010年			2023年		
名次	行业名称	港口经济增加值	名次	行业名称	港口经济增加值
7	交通运输、仓储和邮政业	1353	7	电力、热力生产和供应业	3177
8	农业	1149	8	农业	2512
9	电气机械和器材制造业	735	9	电气机械和器材制造业	2025
10	通用设备制造业	533	10	建筑业	1431
11	汽车制造业	482	11	汽车制造业	1330
12	建筑业	470	12	房地产业	1198
13	铁路、船舶、航空航天和其他运输设备制造业	438	13	通用设备制造业	1099
14	橡胶和塑料制品业	403	14	非金属矿物制品业	928
15	非金属矿物制品业	393	15	金属制品业	916
16	住宿和餐饮业	370	16	专用设备制造业	832
17	纺织业	362	17	橡胶和塑料制品业	771
18	金属制品业	360	18	住宿和餐饮业	625
19	农副食品加工业	338	19	农副食品加工业	622
20	房地产业	323	20	有色金属冶炼和压延加工业	503
21	专用设备制造业	299	21	信息传输、软件和信息技术服务业	412
22	纺织服装、服饰业	283	22	铁路、船舶、航空航天和其他运输设备制造业	387
23	皮革、毛皮、羽毛及其制品和制鞋业	253	23	纺织业	387
24	造纸和纸制品业	208	24	皮革、毛皮、羽毛及其制品和制鞋业	383
25	居民服务、修理和其他服务业	207	25	纺织服装、服饰业	378

从港口经济的增长动力来看，批发和零售业增长值最大，达到6226亿元，遥遥领先于其他行业。石油、煤炭及其他燃料加工业，化学原料和化学制品制造业，计算机、通信和其他电子设备制造业，交通运输、仓储和邮政业，黑色金属冶炼和压延加工业，电力、热力生产和供应业等行业增长较快，

增长值均超过了 1500 亿元（表 6–2）。

表6-2　　2010—2023年港口经济增加值增长较快的主要产业类型　　单位：亿元

序号	行业名称	2010—2023 年增长值
1	批发和零售业	6226
2	石油、煤炭及其他燃料加工业	2898
3	化学原料和化学制品制造业	2819
4	计算机、通信和其他电子设备制造业	2405
5	交通运输、仓储和邮政业	2277
6	黑色金属冶炼和压延加工业	1942
7	电力、热力生产和供应业	1528
8	农业	1362
9	电气机械和器材制造业	1290
10	建筑业	960
11	房地产业	874
12	汽车制造业	849
13	通用设备制造业	566
14	金属制品业	556
15	非金属矿物制品业	535
16	专用设备制造业	532
17	橡胶和塑料制品业	368
18	有色金属冶炼和压延加工业	346
19	信息传输、软件和信息技术服务业	308
20	农副食品加工业	284
21	住宿和餐饮业	255
22	文教、工美、体育和娱乐用品制造业	235

从对主要产业类型变化分析可以看出，随着我国产业结构的调整，港口经济产业结构也在不断调整变化，三产比重不断提高，海港城市批发和零售业，石油、煤炭及其他燃料加工业，化学原料和化学制品制造业，计算机、通信和其他电子设备制造业，交通运输、仓储和邮政业，黑色金属冶炼和压延加工业，电力、热力生产和供应业等行业港口经济快速发展，港口对这些产业的发展起到了重要的支撑作用。

第三节 区域港口经济发展动力分析

1. 辽宁沿海地区

2010 年辽宁沿海地区港口经济增加值为 787 亿元，2023 年达到 1811 亿元，年均增速达到 6.3%，增量达到 1024 亿元。从辽宁沿海地区港口经济发展动力来看，增长最多的是石油、煤炭及其他燃料加工业，化学原料和化学制品制造业小幅增长，其他产业港口经济均增长较小。体现出辽宁沿海地区依托港口，带动了炼油等产业的发展，但是向下游化工产业链延伸不足。同时，与其他区域相比较，辽宁沿海地区批发和零售业，计算机、通信和其他电子设备制造业，交通运输、仓储和邮政业，黑色金属冶炼和压延加工业，电力、热力生产和供应业等行业港口经济增长较慢（图 6–1）。

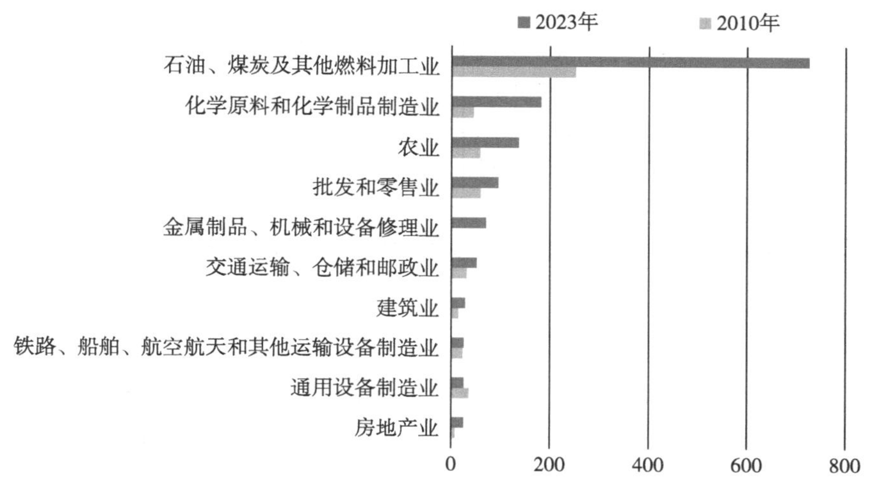

图 6-1 2010 年与 2023 年辽宁沿海地区港口经济主要行业增加值对比（单位：亿元）

2. 津冀沿海地区

2010 年津冀沿海地区港口经济增加值为 1599 亿元，2023 年达到 4086 亿元，年均增速达到 7.4%，增量达到 2487 亿元。从津冀沿海地区港口经济发展动力来看，增长最多的是黑色金属冶炼和压延加工业；交通运输、仓储和邮政业，化学原料和化学制品制造业，石油、煤炭及其他燃料加工业和批发和零售业小幅增长；其他产业港口经济均增长较小。体现出津冀沿海地区依托港口，主要带动了黑色金属冶炼和压延加工业等产业的发展。同时，与其他区域相比较，津冀沿海地区批发和零售业，石油、煤炭及其他燃料加工业，化学原料和化学制品制造业，计算机、通信和其他电子设备制造业，交通运输、仓储和邮政业等行业港口经济增长较慢（图 6–2）。

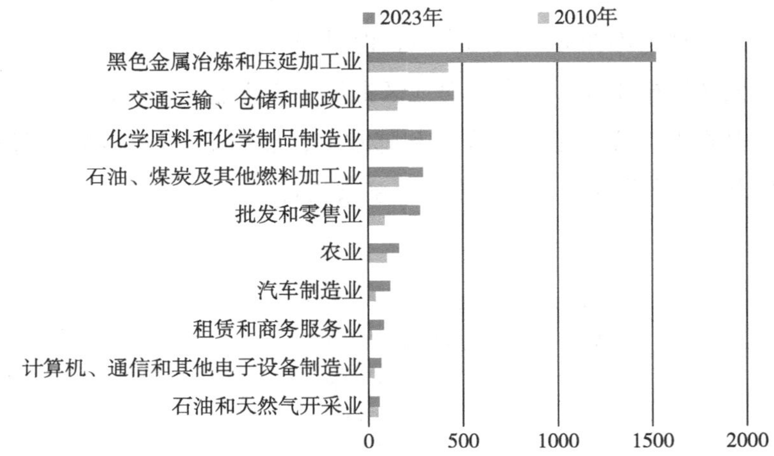

图 6-2　2010 年与 2023 年津冀沿海地区港口经济主要行业增加值对比（单位：亿元）

3. 山东沿海地区

2010 年山东沿海地区港口经济增加值为 2375 亿元，2023 年达到 5851 亿元，年均增速达到 7.4%，增量达到 3476 亿元。从山东沿海地区港口经济发展动力来看，增长最多的是石油、煤炭及其他燃料加工业，其次是化学原料和化学制品制造业，批发和零售业，交通运输、仓储和邮政业，农业；其他产业港口经济均增长较小。体现出山东沿海地区依托港口，主要带动了石油、煤炭及其他燃料加工业和化学原料和化学制品制造业的发展。同时，与其他区域相比较，山东沿海地区计算机、通信和其他电子设备制造业，黑色金属冶炼和压延加工业，电力、热力生产和供应业等行业港口经济增长较慢（图 6–3）。

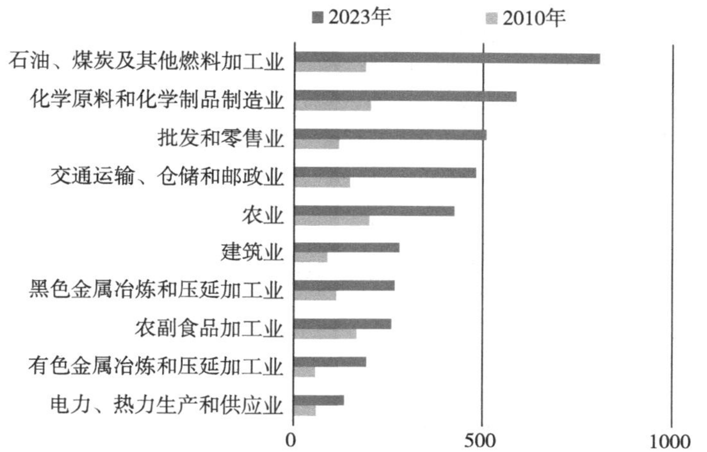

图 6-3　2010 年与 2023 年山东沿海地区港口经济主要行业增加值对比（单位：亿元）

4. 长三角沿海地区

2010 年长三角沿海地区港口经济增加值为 11996 亿元，2023 年达到 28398 亿元，年均增速达到 5.9%，增量达到 16402 亿元。从长三角沿海地区港口经济发展动力来看，增长最多的是批发和零售业；其次是化学原料和化学制品制造业；石油、煤炭及其他燃料加工业，电力、热力生产和供应业，黑色金属冶炼和压延加工业，交通运输、仓储和邮政业，计算机、通信和其他电子设备制造业，电气机械和器材制造业，汽车制造业，也都实现了较快增长。体现出长三角沿海地区依托港口，炼油产业不断向化工产业延伸，钢铁产业逐步向机械、装备等产业发展，产业链不断延伸，产业结构不断升级，并使计算机通信和其他电子设备制造业和汽车制造业等相关战略性新兴产业实现了快速发展（图 6–4）。

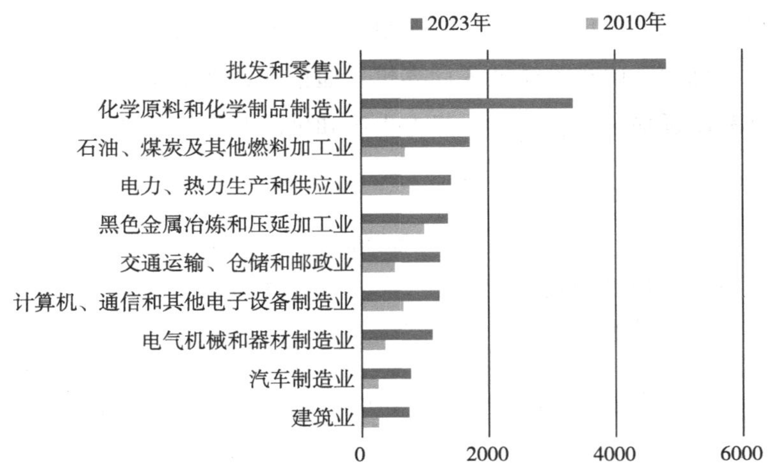

图 6-4 2010 年与 2023 年长三角沿海地区港口经济主要行业增加值对比（单位：亿元）

5. 福建沿海地区

2010 年福建沿海地区港口经济增加值为 2165 亿元，2023 年达到 7073 亿元，年均增速达到 7.3%，增量达到 4908 亿元。从福建沿海地区港口经济发展动力来看，增长最多的是批发和零售业；其次是交通运输、仓储和邮政业；电力、热力生产和供应业，计算机、通信和其他电子设备制造业，农业，黑色金属冶炼和压延加工业，房地产业，电气机械和器材制造业，非金属矿物制品业，皮革、毛皮、羽毛及其制品和制鞋业，也都实现了较快增长。与其他区域相比较，福建沿海地区石油、煤炭及其他燃料加工业，化学原料和化学制品制造业等行业港口经济增长较慢（图 6–5）。

6. 广东沿海地区

2010 年广东沿海地区港口经济增加值为 6257 亿元，2023 年达到 14153 亿元，年均增速达到 5.9%，增量达到 7895 亿元。从广东沿海地区港口经济发展动力来看，增长最多的是批发和零售业，计算机、通信和其他电子设备制造业；其次是电力、热力生产和供应业，石油、煤炭及其他燃料加工业，化学原料和化学制品制造业；农业，交通运输、仓储和邮政业，电气机械和器材制造

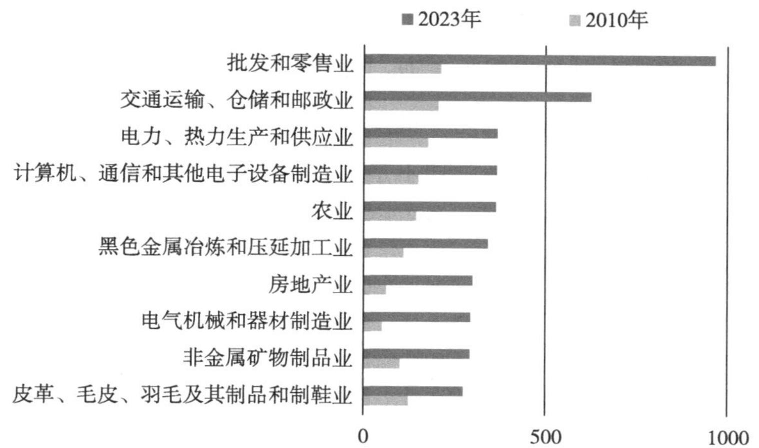

图 6-5 2010 年与 2023 年福建沿海地区港口经济主要行业增加值对比（单位：亿元）

业，汽车制造业和建筑业也都实现了较快增长。与其他区域相比较，广东沿海地区计算机、通信和其他电子设备制造业港口经济发展最快（图 6–6）。

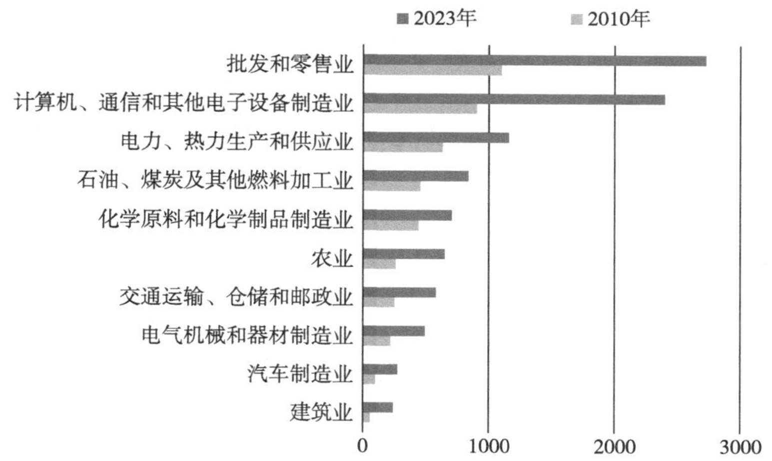

图 6-6 2010 年与 2023 年广东沿海地区港口经济主要行业增加值对比（单位：亿元）

7. 西南沿海地区

2010 年西南沿海地区港口经济增加值为 260 亿元，2023 年达到 1125 亿元，年均增速达到 8.8%，增量达到 865 亿元。从西南沿海地区港口经济发展动力来看，增长最多的是批发和零售业，交通运输、仓储和邮政业，农业；其次为石油、煤炭及其他燃料加工业；其他产业港口经济均增长较小。体现出西南沿海地区依托港口，带动了批发和零售、交通运输、农业和炼油等产业的发展，但是向下游产业链延伸不足。同时，与其他区域相比较，西南沿海地区化学原料和化学制品制造业、黑色金属冶炼和压延加工业等行业港口经济增长较慢（图 6–7）。

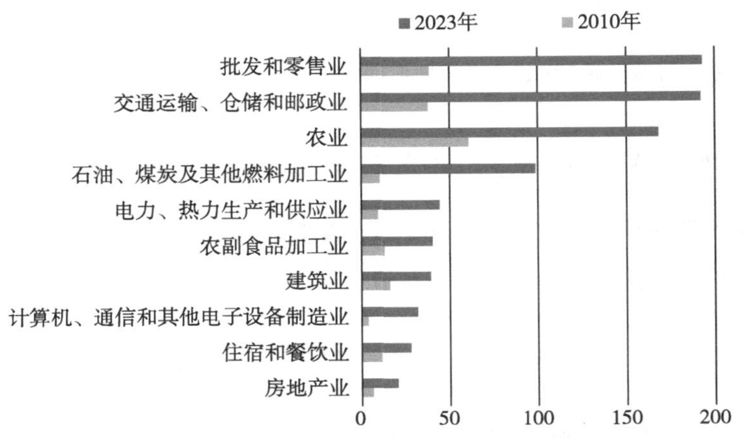

图 6-7　2010 年与 2023 年西南沿海地区港口经济主要行业增加值对比（单位：亿元）

第四节　影响因素变化分析

为了找到港口经济的影响因素的变化趋势，将 2010 年和 2023 年 59 个海港城市的 15 个指标与其相应年份的港口经济增加值采用皮尔逊、肯德尔和斯皮尔曼三种方法进行相关性分析（表 6–3）。

表6-3 2010年和2023年港口经济与影响因素相关性对比

港口经济增加值	皮尔逊相关性		肯德尔相关性		斯皮尔曼相关性	
	2010 年	2023 年	2010 年	2023 年	2010 年	2023 年
码头能力	0.526	0.568	0.310	0.328	0.471	0.487
航道等级	0.392	0.435	0.308	0.347	0.397	0.451
枢纽地位	0.528	0.557	0.316	0.323	0.426	0.443
运输发展水平	0.707	0.631	0.404	0.426	0.561	0.591
交通区位	0.475	0.488	0.287	0.281	0.372	0.370
城市等级	0.667	0.663	0.445	0.431	0.541	0.523
城市群位置	0.627	0.639	0.535	0.504	0.663	0.615
工业增加值（亿元）	0.605	0.946	0.792	0.842	0.933	0.951
服务业增加值（亿元）	0.690	0.921	0.857	0.753	0.970	0.878
重工业比重（%）	0.135	–0.078	0.008	–0.098	0.010	–0.141
战略性新兴产业比重（%）	0.514	0.585	0.404	0.439	0.545	0.602
营商环境	0.747	0.789	0.758	0.733	0.907	0.889
自贸区政策	0.622	0.582	0.298	0.289	0.360	0.349
外贸进出口额（亿元）	0.731	0.863	0.673	0.689	0.846	0.870
批发零售业规模（亿元）	0.966	0.928	0.796	0.706	0.901	0.871

对表 6–3 进行分析，可以得出以下结论。

2010 年和 2023 年影响各个海港城市港口经济规模的主要因素变化较小，海港城市的工业增加值、服务业增加值、营商环境、外贸进出口额和批发零售业规模均是影响港口经济发展的最相关因素。

港口经济与码头能力、航道等级、枢纽地位、运输发展水平的相关系数在增加，说明港口在自身发展的同时，对于海港城市相关产业的促进作用不断增强。

港口经济与工业增加值、外贸进出口额的相关性在增长，体现了海港城市工业的发展、对外开放的水平的提升与港口的关系越来越紧密，港口促进与港口相关产业不断集聚以及产业链不断延伸，在海港城市对外开放中的作用日益突出。

港口经济与重工业比重的相关性减弱，与战略性新兴产业比重的相关性在增强，说明港口逐步从服务传统重化工业向服务战略性新兴产业转变，在海港城市产业转型升级中发挥了重要的促进作用。

第七章 中国港口经济高质量发展评价

为全面了解和分析现阶段我国港口经济发展现状，本研究构建了中国港口经济高质量发展指数，通过定量的方法来反映我国港口经济的发展情况。中国港口经济高质量发展指数能够清晰且明确地反映出中国港口经济高质量发展现状，通过对细分指标的分析，既可以明确各城市港口经济的发展优势，也可以明晰当前发展中相对不足的方面，中国港口经济高质量发展指数对我国港口经济高质量发展具有重大的引导作用。

第一节 中国港口经济高质量发展指数编制说明

1. 指标选取原则

（1）系统性原则

指标体系紧紧围绕中国港口经济高质量发展评价这一目标来设计，并由代表港口经济及港口经济高质量发展各组成部分的典型要素和典型指标构成，全方位、多角度地反映城市港口经济的发展水平和发展质量。在选取各项指标时，要真实客观地反映港口经济系统内部在规模、速度、质量、结构和效益等要素方面的发展情况。

（2）科学性原则

指标选取需遵循经济社会和港口经济的科学发展规律，采用科学的方法和手段，确立的指标必须是能够通过测算、评议等方式得出明确结论的定量指标。一方面指标不宜过多或过细，以免出现计算繁琐、信息重叠的情况；另一方面也不宜过少过简，以免造成信息漏损，结果不真实。以科学的态度选取指标，有利于对研究对象做出更为准确的测评。

（3）动态性原则

各个城市港口经济发展质量和水平是不断发展变化的，评价时要综合考虑其静态和动态两种情况。因此指标的选取需要包含多个年份的数据，把握其发展演变情况，便于对其发展变化过程进行总结归纳。

（4）可操作性原则

指标体系的构建要充分考虑现实情况，不能过于理论化或理想化，避免找不到相应数据和资料，使得研究无法继续。要结合实用及可操作性的原则，尽量寻找一些代表性强的可量化、易获取并且来自权威机构颁布的统计数据。

（5）可比性原则

指标体系的设计要求单项指标尽可能采用国际上通用的名称、概念和计算法以具备必要的可比性，同类城市的港口经济之间可进行互相比较。此外，具体指标也应该具有某种时间上的可比性，从而对城市港口经济的发展程度进行动态分析和评价。

2. 指标选取

对于港口所在城市来说，港口经济是以港口为中心，以城市为载体，依托和利用港口的各类产业的相关经济活动的总和，是港口、产业、城市相互联系、有机结合、共同发展的开放型经济。因此在评价一个城市港口经济发展水平时，不能只考察港口经济的规模，还需要从港口、产业、城市等多个方面来研判港口经济的发展质量。

本次研究中，中国港口经济高质量发展指数评价体系共设有 4 个一级指标、18 个二级指标和 42 个三级指标。其中，4 个一级指标包括港口运输、与港口相关工业、与港口相关服务业和港、产、城互动关系；20 个二级指标包括发展规模、发展速度、质量效益、枢纽层级、保障性、结构优化、城市依托、产业基础、绿色安全、协调发展和经济贡献等指标；42 个三级指标是对 18 个二级指标的进一步细化（表 7–1）。

表7-1　中国港口经济高质量发展指数指标表

一级指标	二级指标	三级指标	数据来源和计算说明
港口运输	发展规模	码头泊位数量（个）	交通运输部统计数据
		货物吞吐量（万吨）	交通运输部统计数据
		集装箱吞吐量（万 TEU）	交通运输部统计数据
	发展速度	近 5 年泊位数量平均增速（%）	交通运输部统计数据
		近 5 年货物吞吐量平均增速（%）	交通运输部统计数据
		近 5 年集装箱吞吐量平均增速（%）	交通运输部统计数据
	质量效益	港口物流智能化程度	对港口仓储控制、管理系统的智能化程度，以及智能闸口、无人驾驶集疏运车辆应用、智能化集疏运调度等情况综合评价，专家打分
		集装箱班轮运输连通度	参考联合国贸发会公布的班轮连通度数据
		港口运输的货物价值	根据各种货物吞吐量乘以货物单价后加总后得出
	枢纽层级	在全国沿海港口的层级	按照港口在全国沿海主要港口中的等级打分
		煤炭运输系统层级	煤炭吞吐量在全国沿海港口中占比
		外贸进口铁矿石运输系统层级	外贸铁矿石进口量在全国沿海港口中占比
		外贸进口原油运输系统层级	外贸原油进口量在全国沿海港口中占比
		内贸集装箱运输系统层级	内贸集装箱吞吐量在全国沿海港口中占比
		外贸集装箱运输系统层级	外贸集装箱吞吐量在全国沿海港口中占比
	港口保障性	储备规模（万吨）	根据各个港口调研数据
		码头能力适应度	港口能力 / 港口吞吐量，交通运输部统计数据

续表

一级指标	二级指标	三级指标	数据来源和计算说明
与港口相关工业	发展规模	二产港口经济增加值（亿元）	根据当年二产港口经济增加值测算结果
	发展速度	二产港口经济增加值增长量	根据近两年二产港口经济增加值增长量
	质量效益	二产港口经济营业收入（万元）	根据二产各行业对港口依赖程度和各行业营业收入
		二产港口经济利润总额（万元）	根据二产各行业对港口依赖程度和各行业利润总额
	结构优化	战略性新兴产业产值占比（%）	二产港口经济中战略性新兴临港产业占比
		临港工业企业密度（家 / 平方公里）	临港工业集聚程度，专家打分
与港口相关服务业	发展规模	三产港口经济增加值（亿元）	根据当年三产港口经济增加值测算结果
	发展速度	三产港口经济增加值增长量	根据近两年三产港口经济增加值增长量
	质量效益	三产港口经济营业收入（万元）	根据三产各行业对港口依赖程度和各行业营业收入
		三产港口经济利润总额（万元）	根据三产各行业对港口依赖程度和各行业利润总额
	结构优化	航运中心等级	根据航运中心等级评分（全国 / 区域 / 无）
		高端服务业占比	三产港口经济中商务服务业、金融业、信息传输、软件和信息技术服务业占比
港产城互动关系	城市能级	城市等级	根据城市等级评分（国家中心城市 / 省会城市 / 一般城市）
		国内生产总值（亿元）	统计年鉴数据
		进出口总额（万美元）	统计年鉴数据
	产业基础	工业增加值（亿元）	统计年鉴数据
		服务业增加值（亿元）	统计年鉴数据
		高新技术企业数量占全国比重（%）	所在市高新技术企业数量 / 全国高新技术企业数量
	港口绿色安全	港口岸电使用量	根据各个港口调研数据
		百万吨吞吐量死亡率及经济损失	港口安全事故死亡人数（经济损失）与港口货物吞吐量的比值，根据各个港口调研数据

续表

一级指标	二级指标	三级指标	数据来源和计算说明
港产城互动关系	港城协调发展	港口后方堆场紧张程度	专家打分
		港城交通矛盾	专家打分
	港口经济贡献	港口带动就业规模（万人）	根据各行业对港口依赖程度和各行业就业数据
		单位岸线经济产出（万元 / 千米）	港口经济增加值 / 岸线总长度
		港口经济增加值占比（%）	港口经济增加值占城市 GDP 比重

3. 确定指标权重

根据需要和数据收集情况来看，为科学评估和准确把握中国港口经济高质量发展指数，需要对港口经济的不同指标的权重进行系统评估，结合主观判断和客观条件，通过对不同权重确定方法的比较，本书主要采用专家打分法和层次分析法相结合的方法进行确定。

专家打分法是一种定性描述定量化方法，它首先根据评价对象的具体要求选定若干个评价项目，再根据评价项目制订出评价标准，聘请若干代表性专家凭借自己的经验按此评价标准给出各项目的评价分值，然后对其进行测算。

层次分析法是指将与决策总是有关的元素分解成目标、准则、方案等层次，在此基础之上进行定性和定量分析的决策方法。该方法是美国运筹学家匹茨堡大学教授萨蒂于 20 世纪 70 年代初，在为美国国防部研究“根据各个工业部门对国家福利的贡献大小而进行电力分配”课题时，应用网络系统理论和多目标综合评价方法，提出的一种层次权重决策分析方法。

从指标权重设置来看，在一级指标中，与港口相关工业、与港口相关服务业的发展水平最为重要，其次是港口运输，最后是港产城互动关系。在二级指标中，发展规模最为重要，其次是速度、效益、结构等发展指标。在三级指标中，选取了主要的代表性指标，权重设置较为均衡。

4. 指数测算过程

（1）数据来源

本次研究在测算中国港口经济高质量发展指数时主要使用以下数据：①《中国港口年鉴》《港口统计资料汇编》（2017—2023）等；②各城市历年《统计年鉴》（2017—2023）；③各省市最新的投入产出表；④各城市政府工作报告、国民经济与社会发展统计公报中数据；⑤联合国贸发会等组织发布数据；⑥实地调研数据；⑦专家打分数据。

（2）指数计算与评级

将相关数据进行无量纲化处理，与对应权重进行相乘，计算各项指数分值。根据指数得分结果，将各个城市指数测算结果分为 A、B、C、D 四级，A 级为 40~100 分，其中 80~100 分评为 A+ 级，B 级为 30~39 分，C 级为 20~29 分，D 级为 0~19 分。

第二节　中国海港城市港口经济高质量发展评价结果

本次评价，采用中国港口经济高质量发展评价模型，不仅对中国海港城市港口经济高质量发展水平进行综合评价，还从港口运输、与港口相关工业、与港口相关服务业和港产城互动关系四个方面进行分项评价，得到了一个总指数和四个分指数。

1. 中国海港城市港口经济高质量发展总指数评价结果

根据中国港口经济高质量发展评价模型，对全国沿海 59 个海港城市港口经济发展水平进行综合评价，计算并整理数据显示：中国海港城市港口经济高质量发展指数得分最高城市为上海市，评级为 A+；评级为 A 级城市主要有广州市、深圳市、宁波市、苏州市、天津市；评级为 B 级城市主要有青岛市、无锡市、南京市、唐山市、大连市；评级为 C 级城市主要包括福州市、南通市、厦门市、舟山市、泉州市等 23 个城市；评级为 D 级城市主要包括东营市、钦州市、汕头市、沧州市、莆田市等 25 个城市。各个海港城市评级情况参见表 7–2。

表7-2　　　　中国海港城市港口经济高质量发展指数评价表

评级	城市
A+	上海市
A	广州市、深圳市、宁波市、苏州市、天津市
B	青岛市、无锡市、南京市、唐山市、大连市
C	福州市、南通市、厦门市、舟山市、泉州市、东莞市、烟台市、泰州市、漳州市、常州市、嘉兴市、惠州市、连云港市、温州市、日照市、镇江市、潍坊市、宁德市、扬州市、珠海市、盐城市、台州市、湛江市
D	东营市、钦州市、汕头市、沧州市、莆田市、茂名市、江门市、防城港市、营口市、北海市、揭阳市、秦皇岛市、滨州市、中山市、儋州市、海口市、威海市、潮州市、盘锦市、阳江市、锦州市、汕尾市、三亚市、葫芦岛市、丹东市

2. 中国海港城市港口运输高质量发展分指数评价结果

中国海港城市港口运输高质量发展分指数得分最高城市为上海市，评级为 A+；评级为 A 级城市主要有宁波市、青岛市、广州市、天津市、深圳市、舟山市、唐山市；评级为 B 级城市主要有日照市、苏州市、厦门市、大连市、烟台市、连云港市；评级为 C 级城市主要包括南京市、南通市、福州市、湛江市、钦州市等 14 个城市；评级为 D 级城市主要包括温州市、嘉兴市、汕头市、北海市、扬州市等 31 个城市。各个海港城市评级情况参见表 7–3。

表7-3　中国港口运输高质量发展分指数评价表

评级	城市
A+	上海市
A	宁波市、青岛市、广州市、天津市、深圳市、舟山市、唐山市
B	日照市、苏州市、厦门市、大连市、烟台市、连云港市
C	南京市、南通市、福州市、湛江市、钦州市、泰州市、无锡市、镇江市、沧州市、营口市、防城港市、秦皇岛市、东莞市、珠海市
D	温州市、嘉兴市、汕头市、北海市、扬州市、莆田市、盐城市、儋州市、漳州市、锦州市、台州市、惠州市、泉州市、威海市、海口市、江门市、揭阳市、潮州市、葫芦岛市、潍坊市、盘锦市、常州市、宁德市、中山市、茂名市、汕尾市、东营市、丹东市、阳江市、滨州市、三亚市

3. 中国海港城市与港口相关工业高质量发展分指数评价结果

中国海港城市与港口相关工业高质量发展分指数得分最高城市为上海市，其次为苏州市，评级为A+；评级为A级城市主要有宁波市、深圳市、广州市、无锡市、南京市、天津市、唐山市、大连市；评级为B级城市主要有东莞市、漳州市、泉州市、惠州市、南通市、泰州市、常州市、青岛市；评级为C级城市主要包括嘉兴市、福州市、烟台市、潍坊市、舟山市等13个城市；评级为D级城市主要包括盐城市、中山市、江门市、台州市、茂名市等28个城市。各个海港城市评级情况参见表7-4。

表7-4　中国海港城市与港口相关工业高质量发展分指数评价表

评级	城市
A+	上海市、苏州市
A	宁波市、深圳市、广州市、无锡市、南京市、天津市、唐山市、大连市
B	东莞市、漳州市、泉州市、惠州市、南通市、泰州市、常州市、青岛市
C	嘉兴市、福州市、烟台市、潍坊市、舟山市、宁德市、温州市、扬州市、东营市、连云港市、厦门市、珠海市、镇江市
D	盐城市、中山市、江门市、台州市、茂名市、滨州市、汕头市、湛江市、日照市、莆田市、揭阳市、北海市、钦州市、阳江市、防城港市、威海市、沧州市、营口市、潮州市、秦皇岛市、盘锦市、海口市、儋州市、汕尾市、锦州市、三亚市、丹东市、葫芦岛市

4. 中国海港城市与港口相关服务业高质量发展分指数评价结果

中国海港城市与港口相关服务业高质量发展分指数得分最高城市为上海

市，评级为 A+；评级为 A 级城市主要有广州市、深圳市；评级为 B 级城市主要有宁波市；评级为 C 级城市主要有天津市、苏州市、福州市、大连市、南京市、无锡市、厦门市、泉州市、青岛市、常州市；评级为 D 级城市主要包括南通市、漳州市、唐山市、温州市、东莞市等 45 个城市。各个海港城市评级情况参见表 7–5。

表7-5　　中国海港城市与港口相关服务业高质量发展分指数评价表

评级	城市
A+	上海市
A	广州市、深圳市
B	宁波市
C	天津市、苏州市、福州市、大连市、南京市、无锡市、厦门市、泉州市、青岛市、常州市
D	南通市、漳州市、唐山市、温州市、东莞市、泰州市、烟台市、嘉兴市、宁德市、镇江市、连云港市、秦皇岛市、盐城市、沧州市、台州市、惠州市、扬州市、莆田市、儋州市、海口市、营口市、盘锦市、东营市、茂名市、潍坊市、揭阳市、汕头市、钦州市、北海市、珠海市、日照市、三亚市、舟山市、锦州市、滨州市、防城港市、江门市、丹东市、葫芦岛市、威海市、潮州市、湛江市、汕尾市、阳江市、中山市

5. 中国海港城市港产城互动融合发展分指数评价结果

中国海港城市港产城互动融合发展分指数得分最高城市为上海市，评级为 A+；评级为 A 级城市主要包括广州市、深圳市、苏州市、天津市、宁波市等 20 个城市；评级为 B 级城市主要包括台州市、盐城市、东营市、烟台市、泰州市等 38 个城市。各个海港城市评级情况参见表 7–6。

表7-6　　中国海港城市港产城互动融合发展分指数评价表

评级	城市
A+	上海市
A	广州市、深圳市、苏州市、天津市、宁波市、南京市、大连市、无锡市、东莞市、青岛市、南通市、常州市、泉州市、福州市、厦门市、嘉兴市、唐山市、潍坊市、惠州市、舟山市
B	台州市、盐城市、东营市、烟台市、泰州市、漳州市、连云港市、茂名市、宁德市、湛江市、江门市、扬州市、温州市、滨州市、汕头市、珠海市、镇江市、揭阳市、盘锦市、威海市、海口市、三亚市、潮州市、儋州市、中山市、莆田市、阳江市、钦州市、北海市、营口市、汕尾市、日照市、沧州市、葫芦岛市、锦州市、丹东市、防城港市、秦皇岛市

国内外典型港口经济发展案例

一、国外大型港口经济发展案例

1. 荷兰鹿特丹港：能源转型，产城融合发展的欧洲门户

鹿特丹港（Port of Rotterdam）是欧洲第一大港，全球最重要的物流中心和海港之一，有“欧洲门户”之称。该港口位于莱茵河与马斯三角洲河口，莱茵河从这里流入北海。到目前为止，它长 40 公里，占地 10500 多公顷。

由于其特殊的地理位置和深水条件，鹿特丹港已成为欧洲最重要的矿物油贸易点，整个欧洲大陆都由这个港口供应。每年有数百万吨石油运抵。大约一半运往鲁尔区和安特卫普，另一半直接在港口加工。几乎所有石油公司都在港口设有炼油厂，德国法兰克福机场等大型消费者通过自己的管道直接连接到鹿特丹港。

（1）港口历史发展

鹿特丹港是世界最大最繁忙的海港之一。历史溯源到 13 世纪末，当时仅是一个小型海港和贸易中心，中世纪是转运港口、渔业港口；1600 年开始发展成为荷兰第二大商港。17 世纪初成立东印度公司。1870 年港口直通北海的航道（市区距入海口约 16 海里）得到整治后发展迅速。二战后，随着欧洲经济复兴和共同市场的建立，鹿特丹港凭借优越的地理位置得到迅速发展：

1961 年，吞吐量首次超过纽约港的 1.8 亿吨，成为世界第一大港，是莱茵河流域的进出门户。2020 年海港排名第 10。港口所在城市鹿特丹现为荷兰第二大城市，是水、陆、空的交通枢纽和重要的商业和金融中心。荷兰不仅是传统贸易强国，目前亦是全球第 17 大经济体、欧盟第 6 大经济体。

（2）港口经济发展现状

鹿特丹港拥有一个集炼油、化工和造船为一体的临港工业带，沿马斯河南岸自东向西分布于 7 大港区中。临港工业带中的产业主要包括炼油加工业、石油化学工业、船舶修葺与建造业、港口机械制造业、食品加工工业等。由于鹿特丹港是以贸易为主的国际海港，同时又是世界第六大集装箱转运港口，并拥有世界上最先进的 ECT 集装箱码头，航运服务也成为港口后勤服务的主要方面，与航运服务相关的产业如船舶分级、监测保养、配件供应、物资补给等相关服务也聚集在港区和周边地区。鹿特丹港每年进出港船舶达 3.5 万多艘，每天可同时停靠 300 多条船，定期远洋班轮达 12 万多航次，海运进口量中约 3/4 的再转口去其他欧洲国家。港区建有几千公顷的大型物流园区，同时在内陆地区建有众多“干港”，从市场占比来看，鹿特丹港凭借其地理位置成为通往欧洲市场的门户和全球货物流动的主要枢纽和欧洲最大的港口。近年来，鹿特丹港一直是汉堡—勒阿弗尔地区港口市场的领导者。鹿特丹港的目标是保持和加强其作为市场领导者的地位（案例图 1）。

从港口产业结构上来看，鹿特丹港处于能源转化（energy transition）阶段。鹿特丹港拥有一个强大的化学集群，包括五家炼油厂、超过四十五家化学公司、三家生物燃料工厂和五家植物油精炼厂。这些工厂大规模生产化学品、燃料、食用油和脂肪，供欧洲和全球贸易使用。除了港口内的集群外，鹿特丹港还与荷兰、比利时和德国的石化工业形成了更广泛的强大集群。这个所谓的 ARRRA 集群（安特卫普—鹿特丹—莱茵河—鲁尔区）由综合管道连接支持，负责欧盟 40% 的石化生产。近年来港口增加了对清洁能源和可持续发展的重视，在维稳原有石化工业基础上，也减少了重度污染的石化能源如煤炭和矿物产品的吞吐量（案例图 2）。

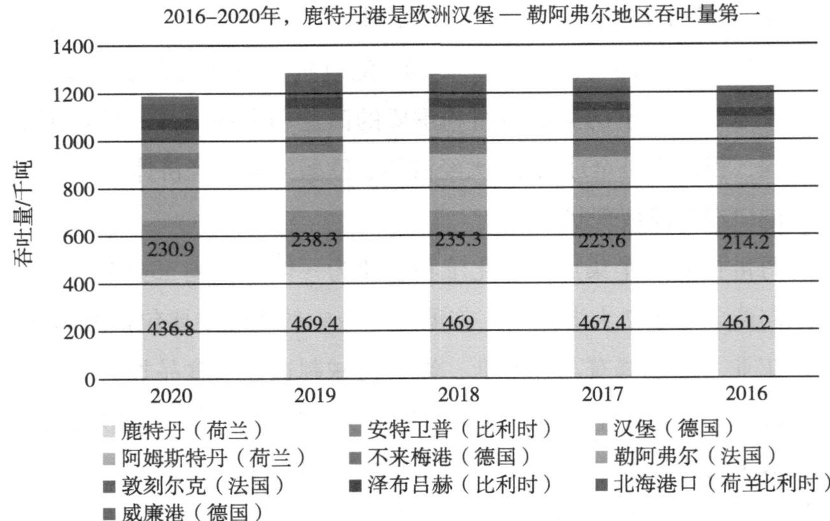

案例图 1　2020 年欧洲地区港口吞吐量

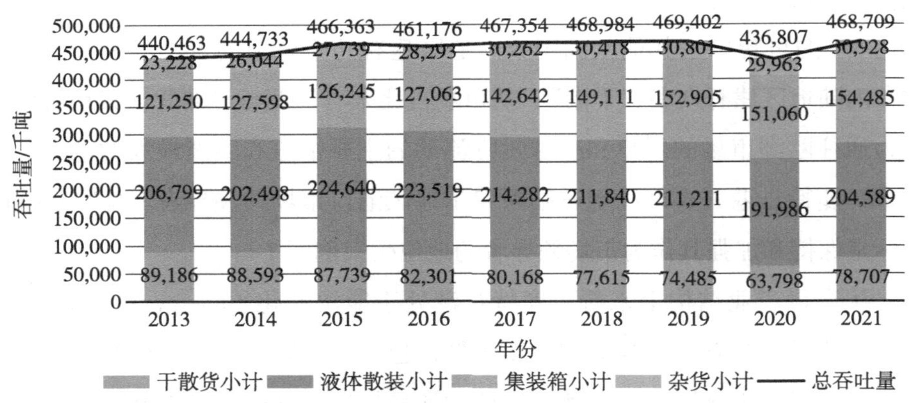

案例图 2　2013-2021 年鹿特丹港货物吞吐量变化

从港口经济发展模式上来看，鹿特丹市具有以下几个特点：①多功能、多层次的港口经济模式。鹿特丹市不仅是荷兰和欧盟的货物集散中心，同时也是西欧的贸易中心，是牵动全球经济活动和资源配置的国际航运枢纽。②强大的腹地经济的支持。以鹿特丹市为中心，周边的英国、德国、比利时、瑞士等西欧国家的主要工业区是其主要经济腹地。这一地区工农业生产和贸易高度发达，为鹿特丹港提供了充足的资源。③港城一体化的国际城市。鹿特丹市作为重要的国际贸易中心和工业基地，在港区内实行“比自由港还自由”的政策，是一个典型的港城一体化的国际城市。自由港政策由鹿特丹港港务局提出，港区设置“保税仓库”，免征关税。鹿特丹港务局是一家以商业为导向的私营公司，其股份由鹿特丹市政府和荷兰政府所有。

从港口经济发展规模来看，到 2020 年，鹿特丹港的附加值（包括间接后向影响）估计为 238 亿欧元。这是荷兰国内生产总值的 3%。其中，100 亿欧元与直接商业区位功能有关，59 亿欧元与直接枢纽功能有关，78 亿欧元与鹿特丹港口和工业园区的间接后向效应有关（数据来源：2021 port monitor）。

（3）港口经济发展策略、未来计划与启示

①数字化、可持续与环境的发展策略。

基于先进的临港工业基础和贸易物流体系，鹿特丹港务局在 2021 年以“安全、通达、数字化与创新、可持续发展”的未来发展使命，投入了 2.263 亿欧元发展港口与产业集群，使其更加高效促进荷兰的经济发展。尽管由于全球物流与荷兰氮排放问题，鹿特丹港进行了投资范围的调整，没有达到计划投资的 2.75 亿欧元，但是关于碳减排、清洁空气、就业、包容性、安全、健康和福祉的数据变得越来越重要。根据适用于氮排放的法规，鹿特丹港在短期内迫切需要更大的自由度，以便在能源转型领域实施一系列项目。

2019 年，鹿特丹发布了最新的 2030 年发展战略愿景。愿景首先重申了港口在欧洲的地位，接着着重提出了六大发展方向：“全球数字化高效枢纽”“欧洲产业集群与转型竞争力”“连结港口城市与地区”“发展空间”“人力资本”与“创新生态”。

②新能源、低碳绿色与新兴产业集群愿景。

鹿特丹港和工业园区在欧洲处于领先地位。活动水平很高，港口是西北欧市场的重要枢纽。现有公司和新公司进行了大量投资，使综合体发生巨大变化。新兴产业和转型产业在覆盖整个集群的不断增长、效率越来越高的能源和原材料系统中蓬勃发展。

新能源与原材料系统——可持续生产的电力、氢气、生物质和剩余流量的结合是鹿特丹及其他地区新能源和原材料系统的基础。荷兰境内没有足够的可持续生产能源来满足港口和工业园区对电力或绿色氢气生产的需求。氢气除了用作化学工业的原材料外，还用作燃料或其他应用。因此，该港口已转变为氢气枢纽，并拥有从可持续能源丰富的国家进口可持续生产氢气所需的设施。

碳中和化工与炼油——该行业在向不断增长的可再生燃料和原材料市场提供产品方面处于领先地位。燃料需求的下降导致欧洲化学工业和炼油的深度整合。炼油行业现在规模较小，但其作为出口化学原材料和燃料生产商的角色已经发展壮大。此外，到 2050 年，港口和工业园区将成为大规模转换基于可再生能源的合成原材料和燃料的地点。

绿色循环经济与增值——2050 年，化工行业将继续蓬勃发展，以氢气、废物和生物质等流动为原料。随着 2050 年的临近，鹿特丹的港口和工业综合体实现了循环，并已发展成为一个废物转化价值中心。剩余产品是新的原材料。工业活动与循环系统相连，不会浪费能源和原材料。通过在废物转化价值中心生产二次原材料和材料，鹿特丹正在为原材料转型和减少碳足迹做出重要贡献。原材料的转变改变了物流流程：可持续“农业大宗”产品（如谷物、木片和生物乙醇）和残余产品的贸易、储存和转运急剧增加。通过水路、公路、铁路和各种管道以最佳方式进入鹿特丹港，使其在循环经济中确立了战略地位。这使得从腹地收集、回收和组合材料成为可能，并将它们重新分配到腹地或世界其他地方。先进的分拣、大规模的化学和机械回收以及再制造都在这里建立的废物转化价值中心进行。

新兴产业——2030 年，鹿特丹拥有众多新产业，除了能源转型和价值链日益循环之外，与化工业、数字技术和可持续性相关的技术发展也推动了鹿特丹港对新工业和货物流动的投资。到 2030 年，港口和工业园区将成为海上风电组件的生产和组装、油气平台的可持续拆除、生物基化学、农业工业、3D 打印和制造业等活动的所在地。

综上所述，鹿特丹港口经济处在一个能源转型时期，将从历来领先的化工能源产业集群向更加高科技、数字化、绿色与可持续方向发展。鹿特丹港不仅有坚实的发展基础，而且港务局与投资者、政府部门与各企业组织之间的广泛深入的合作关系，也将在2030年和2050年的时间节点帮助实现相应的目标。在这个过程中，港口吞吐量与欧洲领先地位将持续跟进。转型成功后，鹿特丹港及其临港产业集群会对西方各大历史悠久而又繁忙的港口提供借鉴。

2. 比利时安特卫普港：合并转型，欧洲第二大能源门户

安特卫普港（Port of Antwerp）在2021年2月更名为安特卫普—布鲁日港（Port of Antwerp–Bruges），是比利时安特卫普与布鲁日两市合作发展的港口，为欧洲第二大港口，仅次于鹿特丹港。它位于斯凯尔特河潮汐河口的上端，在比利时佛兰德斯市区，主要在安特卫普省，但也有部分在东佛兰德斯省。它是欧洲中心的海港，好望角型船只可以进入。入海口可通航10万吨级以上船舶，最远可达内陆80公里。与汉堡港一样，安特卫普港的内陆位置提供了一个比大多数北海港口更中心的位置，码头通过铁路、公路、河流和运河与内地相连。作为欧洲第二大港口，安特卫普港是比利时经济的重要生命线，300多条线路服务于800多个目的地，确保了全球的连接。安特卫普港每年处理约2.31亿吨国际海运货物，是欧洲最大的综合化工集散地，直接或间接地创造了约14.3万个就业岗位和超过200亿欧元的附加值。

（1）港口历史发展

1811年拿破仑·波拿巴在安特卫普设立了第一个船闸和码头。1813年，第二个码头以荷兰国王的名字命名为威廉码头。安特卫普经历了第二个黄金时代，到1908年，已经建成了8个码头。一战时期，英国非常清楚安特卫普港的战略重要性，因此在1914年10月4日温斯顿·丘吉尔抵达安特卫普，负责这座城市及其港口的防御。1944年第二次世界大战期间，盟军于9月4日解放了安特卫普。1945年上半年，安特卫普港平均每月卸货量约为50万吨。

（2）港口经济发展现状

在安特卫普—布鲁日港，工业和物流齐头并进。安特卫普是欧洲最大的综合化学集群的所在地，该行业的多样性在世界上是独一无二的。它汇集了一些最尖端的物流专家，保障石油、化工产品和气体的安全存储、处理和分配。

该港口具有独特的综合化学集群、聚合物处理和分配中心、广泛的管道

网络和能源供应基础设施。其中，道达尔能源 (TotalEnergies) 和埃克森美孚化工（ExxonMobil）的炼油厂以及安特卫普的三家蒸汽裂化厂确保了当地原材料的稳定供应。英力士 (Ineos Oxide) 最近建造的欧洲最大的乙烯码头，证实了该港口作为化工原材料枢纽的角色。这些公司之间在生产一级的化学组群、能源和可持续废物处理等服务领域的密切合作，确保了极具成本效益的生产。无论是后勤还是生产单位，化学生产领域的全球参与者都位于安特卫普。

安特卫普港是比利时、荷兰、卢森堡、德国和法国的主要进出口门户，拥有集装箱、汽车、杂货等专业码头，集装箱能力达到 1500 万标准箱，杂货运输量居欧洲之首。安特卫普港深处内陆大约 100 公里，腹地运输便捷，接近欧洲主要生产和消费中心，是欧洲的主要海运货物集散地和中转中心，吞吐量的一半为周边国家过境转口贸易。安特卫普港是欧洲最大的钢材、林产品和水果港。港区拥有仓储面积 1200 万平方米，其中 610 多万平方米为全封闭式仓库，并兼有特种货物仓库，如咖啡筒仓、颗粒状化工产品筒仓、粮食筒仓、危险品仓库、烟草仓库和瓷土仓库等，冷库面积达 15 万平方米。筒仓能力达 690 万立方米。大量的工业项目产品和大型设备都通过安特卫普港转运，安特卫普港已成为欧洲最大的物流分拨枢纽。

（3）港口经济发展策略、未来计划与启示

安特卫普港务局秉承其“对可持续未来至关重要的母港”的使命，使港口继续发挥其作为世界领先港口的作用。作为世界领先的港口之一，安特卫普的目标是成为“欧洲第二大能源门户”。安特卫普港利用创新作为杠杆，将能源转型、数字化和移动性等当今的重大挑战转化为机遇和解决方案。通过实施新技术和与他人合作，进一步建设港口的可持续发展，使它更高效、更安全、更有弹性。

安特卫普港利用最新的数字技术，设立了 APICA（安特卫普港口信息与控制助手），为一个领先智能港口做出铺垫。这是一个虚拟助手，它利用智能相机、无人机、空气和水质传感器的输入，并将所有这些数据组合到港口的虚拟模型（数字双胞胎）中。APICA 提供有关船舶运动、危险货物流动、空气质量和天气状况的实时信息，还提供漏油检测或对海上基础设施进行检查。

3. 英国利物浦港：工业先锋、与时俱进、协同共生

利物浦港（Port of Liverpool）处于英格兰西北部默西河口，濒临爱尔兰海与英国曼彻斯特运河，是世界上历史悠久的港口之一，也是英国第二大深水海港。利物浦港是现代码头技术、运输系统和港口管理以及建筑施工发展的先驱。它的发展见证了英国具有全球最大影响力的时期。

优越的地理位置，是利物浦兴起的重要原因。由于利物浦港深入内陆的海湾里，水深浪静，西经北海峡，南下圣乔治海峡，都可通往大西洋，来往这里的船只，还可免受过英吉利海峡拥挤和北海风高浪急之苦，因此利物浦港是世界著名的天然良港。

（1）港口历史发展

利物浦港在大英帝国的发展中发挥了重要作用，并成为人口大规模流动的主要港口。利物浦港是现代码头技术、运输系统和港口管理发展的先驱。公元8世纪时，斯堪的纳维亚人就移居于利物浦，以捕鱼为生。1207年，为征服和控制爱尔兰，英国国王约翰颁布法令，在利物浦兴建城堡和港口。18世纪发展成为一个主要的商业港口，当时它对跨大西洋奴隶贸易的组织也至关重要。在19世纪，利物浦港成为一个世界商业中心，作为英联邦的主要港口之一，其码头、码头设施和仓库建设的创新技术和类型具有全球影响力。可以说，利物浦城市的发展与利物浦港的运行相辅相成，先是港口带动城市发展，再是城市促进港口发展。

然而在二战后，利物浦港经历了一个衰落期。随着世界港口“集装箱化”的趋势，利物浦港的海上贸易被鹿特丹港所吸取。由于国际贸易模式的变化，港口活动的整合以及城市外围的制造工厂关闭。1973年，利物浦建成了欧洲最大的单项码头——皇家西福斯码头，用以装卸谷物，现代化程度极高，是世界上第一家采用计算机管理的码头。2016年，利物浦港2号深水集装箱码头竣工，使利物浦港的集装箱容量翻番，成为英国最好的码头之一。近年来，利物浦港并入英国第二大港口集团皮尔港口集团有限公司（Peels Group）。与此同时，利物浦港的海事工业旧址也在2004年被联合国教科文组织列入世界文化遗产名录，划分出六大区域作为保护区。

（2）港口经济发展现状

目前，推动利物浦市经济复苏的产业包括先进制造业、数字和创意产业、金融和专业服务、健康与生命科学、低碳能源、海事和物流业和游客经济产业。

利物浦码头服务于港口产业发展。利物浦的码头区总长 11 公里，有 50 多个可供各国船只停泊的作业码头。这些专业码头设施先进，特别是利物浦 2 号已成为北欧运营效率最高和现代化的码头之一。利物浦港口在英国经济发展和对外贸易中占有重要的地位，对外贸易占全国的四分之一，输出仍居英国首位。与此同时，利物浦也是英国重要的客运港，与世界各大港有定期班轮联系。因此，利物浦港物流链凭借基础设施和技术的大量投资，成为全球物流业的前沿。

利物浦港岸中部的“加拿大”码头，设有专门处理糖浆、动物油、植物油和化学液剂等大宗流质货物的装卸和储放设备；默西河西岸的特拉梅尔油码头，可以停泊和装卸重量达 20 万吨的油轮。其他如矿石、煤炭、汽车、食糖、饲料、酒类以及化学药品等，也都有专门的码头设施，便于装卸和保管。比如位于默西赛德的物流园区，占地约 60 英亩，包括一系列现有仓库单元、共享用户设施的硬件。专门用于冷藏设备的码头，还有最现代化的专门装卸冷藏肉、急冻肉及其他易腐烂食品的设施。利物浦 2 号码头，除了领先的港口运营商服务，还有专门建造的生物质和钢铁码头以及多用户仓储来推动创新，来满足客户多样化的需求。

此外，利物浦港口六大历史区作为联合国在 2004 年至 2021 年之间列入的文化遗产保护点，将这座城市的旅游业与海事港口工业文化关联起来。

（3）港口经济发展策略、未来计划

根据英国主要港口集团（The UK Major Ports Group）的倡导，利物浦市区将建设“可持续的自由港”来吸引企业与投资，成为英国仅有八个自由港的中心，以帮助英国在脱欧后建立国际地位。利物浦自由港（Liverpool City Region Freeport，LCR Freeport）将是一个占地 45 公里的区域，提供一系列经济激励措施，包括海关、商业税率、规划、再生、创新以及贸易和投资支持，是一个低碳、多模式、多门户的贸易平台。未来，作为站点网络吸引高价值投资、支持增长和就业，并通过先进的工业、创新和协作来再生社区。

自由港也将聚焦汽车、生物制造制药和海事等关键行业，并支持和吸引新的先进制造、物流和低碳能源产业，包括与国际贸易相关的氢能、海上风能和潮汐能。未来将建设1亿英镑的生物质设施、投资设施以支持海上可再生能源项目、减少排队的自动门以及开设英国第一个全自动钢铁码头等。

4. 美国休斯敦港：陆海统筹，世界级能化产业集群

休斯敦港（Greater Port of Houston）位于得克萨斯州东南部，加尔维斯顿湾西北岸平原上，通过长80公里的通海运河与墨西哥相连，是美国墨西哥湾沿岸和得克萨斯州最大的港口，是源自或运往休斯敦地区、得克萨斯州以及美国西部和中西部的货物的战略门户。它是一个25英里长的综合体，由52英里长的休斯敦航道（the Houston Ship Channel, HSC）沿线的近200个私人和公共设施组成。每年有近2.85亿吨货物通过休斯敦大港，由大约9000艘船只和200000艘驳船运送。它是美国领先的杂货港口，是美国最大的石化综合体（世界第二大）的所在地。休斯敦距离全美最大的1000英里范围内的1.52亿消费者集中地之一近在咫尺，庞大的公路、铁路和航空连接网络使托运人能够在休斯敦大港和内陆节点之间经济地运输货物。休斯敦港与美国陆军工程兵团(USACE)以及私营企业合作，维护和改善这条联邦航道，造福休斯敦大港。他们与其他利益相关者一起合作，创建一个平稳高效运行的商业系统，从提供安全到处理物流、指导贸易和保护环境。

（1）港口历史发展

19世纪末与20世纪初，休斯敦地区发现石油，资本家蜂拥而至，经济围绕石油工业迅速发展起来。1914年，休斯敦挖通了直通墨西哥湾的40.22公里海运航道，建立了休斯敦港。20世纪40年代，制药、医疗事业发展较快，建立了日后极负盛名的得州医学中心。第二次世界大战以后，石化工业、炼油工业沿海运航道两岸发展迅速。60年代初，美国最大的宇航中心约翰逊宇航中心在休市建立。70年代，世界石油价格暴涨，休斯敦石油工业得到迅速发展，使之获得“世界能源之都”的称号。80年代，由于美国经济衰退、油价下跌等原因，休斯敦经济严重受挫，失业率一度高达10%；此后，休市致

力于改变单一石油工业的经济格局，向多样化发展，经济大有起色，并逐渐成为美国高技术中心之一。

（2）港口经济发展现状

休斯敦是一个充满活力、不断发展的国际城市。在休斯敦发展成国际贸易中心的过程中，休斯敦港起着举足轻重的作用，航空燃料精炼、基础化学品和石油化工等重要产业的成功发展为其赢得了不可替代的港口的美誉。

休斯敦港区分布在港市至贝敦 25 海里的运河沿岸，有 100 个以上码头，其中近一半为公用码头，其余为炼油厂、化工厂、钢铁厂等厂矿以及粮棉出口公司等企业专用码头。全港有 50 多个杂货泊位，其中约 40 个为港务局所有，大部分靠近市区附近的运河岸，约有 30 个深水杂货泊位。主要集装箱码头分布在离市区约 40 公里加尔沃斯敦湾北部的巴尔堡码头，有 4 个泊位。休斯敦港是世界少数亿吨大港之一，是墨西哥湾沿岸最大的港口、得州最大的港口，也是休斯敦内唯一的港口。在外贸水运吞吐量上，休斯敦港排名全美第一，同时也是全美最大的石油、钢铁及项目货物集散港口，全美第六大集装箱码头，是货物进出美国西部和中西部的关键门户。

从货类结构上来看，休斯敦港的货物吞吐量由强有力的石油化工能源等主导产业支撑。休斯敦港口吞吐量中约 70% 的货物是液体散货，这使得休斯敦港对美国的石化工业至关重要。休斯敦市是美国石油工业和石化工业的中心，在开采、加工、运输、市场开发、服务、供应及技术等方面都处于领先地位。一条长达几千英里的管道沿着得克萨斯湾海岸把 200 多家化学工厂、提炼厂、盐加工厂及蒸馏厂等连接起来。大休斯敦地区集中了 3700 多家与能源相关的公司。全美 134 家油气勘探上市公司中的 40 家总部设在休斯敦。休斯敦地区有 9 家炼油厂，炼油能力约占全美国的 13%，全得州的 50%。该地区初级石化产品生产能力占全国的 45%，全美 48% 的乙烯和 66% 的环氧树脂都产自这一地区。休斯敦的能源、安全和内陆基础设施使其成为理想和有吸引力的门户。

从港口经济发展潜力来看，先进制造业云集将进一步激发休斯敦港口经济发展规模。休斯敦地区是全球最重要的工业基地之一，工业区密度位居全国前列，并且有发展空间满足未来的需要。休斯敦有 5152 家制造商，雇佣近

25 万熟练工人。该地区还云集 400 多家软件开发公司，在能源、空间科学、生物技术和领先的科技研发业务领域拥有庞大的客户群。由于充足的石油和燃料能源货物吞吐以及石油加工技术，休斯敦太空中心和美国 NASA 航天局均位于此。此外，休斯敦有 190 多家生命科学和生物技术公司及学术合作机构，超过 100 家先进的医院和保健诊所以及多家全国一流的研究机构。由于拥有雄厚技术基础设施、研究机构、商业公司市场和强大的融资实力，因此在 2011 版企业机构（Business Facilities）的生物技术增长和产能评选中，得克萨斯州位居第二。休斯敦的得州医学中心是美国和世界上最大的医学中心之一。在物流方面，休斯敦港处理美国墨西哥湾沿岸约三分之二的集装箱货物，是美国十大集装箱港口中增长最快的港口。作为主要的国际门户，休斯敦港的集装箱码头业务支持区域和州经济的增长。

（3）港口经济发展策略、未来计划

2020 年，休斯顿市批准了《休斯顿港 2040 计划》。根据休斯敦港的使命和愿景，规划出 4C 战略——航道（Channel）、货物（Cargo）、社区（Community）和变革（Change），旨在指导休斯敦港的下一代计划、政策和投资。2040 计划确定了涉及广泛主题的举措，包括基础设施、运营、新兴技术、环境管理、安全和安保、社区伙伴关系和市场动态。这些举措旨在使港口用户、社区利益相关者、港口设施和基础设施受益，并支持休斯敦港未来 20 年及以后的财务弹性。

①航道（Channel）：扩建休斯敦航道，辐射全美。休斯敦航道（HSC）将该休斯敦地区与世界贸易连接起来，并将休斯敦大港打造为得克萨斯州和国家的经济引擎。目前，52 英里长的航道服务于近 200 个不同的私人和公共设施，包括美国最大的石化制造综合体。未来，休斯敦航道将扩建以适应不断增加的船舶尺寸，确保安全高效的双向航行，并促进现在和未来的经济增长。

②货物（Cargo）：基础设施更新，开发和整合供应链。近年来，休斯敦港的 Barbours Cut 和 Bayport 集装箱码头经历了创纪录的增长。需求预测表明需要扩大码头容量以适应到 2040 年不断增长的集装箱量。最终扩建可以将集装箱码头的年产能提高到大约 700 万标准箱。为了适应未来的增长，休斯敦港还在

评估开发新的沿海码头和内陆多式联运码头的机会。

休斯敦港计划在未来几年内进行重大的基础设施改进，以确保整个休斯敦航道综合体能够容纳更大船只的出现和巴拿马运河扩张导致的货物增加，以及该地区预期的未来人口增长。

③社区营造（Community）：多方参与与合作，环境改善。休斯敦港致力于加强与周边社区和利益相关者的伙伴关系，定期探索与他们密切合作的机会，并让他们参与持续、动态的决策过程。这些策略包括提高公众对休斯敦大港的认识，在休斯敦港与社区之间建立开放的沟通渠道，以及投资于对该地区产生积极影响的合作伙伴关系。此外，针对社区环境的措施将涵盖空气质量、清洁能源、土地管理、废物处理和水文质量等。

合作方面，休斯敦港与当地、州和联邦机构合作，还与包括交通委员会在内的多个委员会的大休斯敦伙伴关系合作，并与哈里斯县、经济联盟、东哈里斯县制造业协会、交通倡导组织和墨西哥湾沿岸铁路区合作，以确定和支持优先货运项目。休斯敦港还与得克萨斯运输部在许多方面进行合作，包括得克萨斯货运咨询委员会、港务局咨询委员会，并定期参与促进该地区的货运项目。

④变革（Change）：顺应趋势，增强物流供给链与多方互助。休斯敦港在计划未来的基础设施投资时还考虑新兴行业趋势，这些趋势包括人口增长、全球贸易方向、新贸易航线的演变、船舶尺寸以及码头内外货物运输速度的加快。其他因素包括连接多式联运货物的物流设施的增长、对降低供应链成本的需求、改善与腹地市场的连通性、环境可持续性以及技术创新和整合。休斯敦港通过投资使其货物吞吐量多样化的机会、采用标准化流程以及与客户合作以达到行业效率的新水平，从而保持其作为多功能枢纽的竞争优势及其业务弹性。休斯敦港还积极推动对社会环境产生积极影响的举措，并增加其在保护自然环境方面的作用。

5. 韩国港口经济发展：依托港口走“出口主导型”经济发展道路

韩国作为一个半岛国家，从第一个五年计划确立发展外向型经济发展战略开始，积极发展临港经济。韩国海岸线漫长，有世界第五大集装箱港口釜山港和有着首尔外港之称的全国第二大港口仁川港，此外还有光阳港等许多正在蓬勃发展的港口，发展临港经济优势明显。作为推动区域经济发展的重要载体，港口发挥了不可替代的作用。二战之后，韩国大力发展外向型经济，利用港口带动腹地的有利条件，实现了临港经济发展的飞跃，创造了“汉江奇迹”。20 世纪 60 年代，韩国在东南沿海和西北部沿海地区建设港口，大力发展临港经济，形成了两大临港经济带，即以釜山港为中心的东南沿海产业区和以仁川港为中心的京仁产业区，其工业产值占全国的 80%。

（1）港口发展历史

兴起阶段：韩国从 1962 年开始实施第一个五年计划，转变经济发展方式，确立了发展外向型经济的战略，通常说，韩国在 20 世纪 60~70 年代所推行的是工业化战略，即进口替代工业化战略和出口导向工业化战略，以轻纺工业品为主，重点发展以轻纺工业为中心的劳动密集型产业。这一时期，釜山、仁川等一批港口迅速壮大起来，港口的发展带动了临港腹地经济的发展。

在“二五”计划期间，商品出口年均增长率超过 35%，1971 年达到 113200 万美元，是 1965 年 17510 万美元的 6.4 倍。这一时期内，随着京釜铁路主干线的通车，釜山至汉城沿线的广阔腹地得到进一步开发，京畿道、庆尚南道、忠清南道变成了釜山港的临港腹地。伴随着该地区化工、钢铁和机械工业的迅速发展，初步形成了以釜山港、光阳港、仁川港为主要港口腹地的临港经济带。

发展阶段：从 1972 年第三个五年计划开始，这一时期，韩国的产业格局基本形成，外向型出口经济占据主导地位，韩国进入了经济腾飞阶段。自 70 年代以来，韩国重点建设以汉城—大田—大邱—釜山为中轴线的东南部沿海重化工业区，这一时期以釜山港为中心的东南沿海经济带和以仁川港为中心的京仁产业区这两大临港经济带也基本形成。

在第三个五年计划中，韩国政府大力推进重化工业化，主要有以下原因：第一，为具备发达国家型的产业结构，必须重点扶持重化工业。“一五”计划实施之后，韩国国内的劳动密集型轻工业获得了高速发展，但是在机械设备和产业设施等行业，绝大部分资本货物和基础生产原料严重依赖进口。为实现 20

世纪 80 年代初建成一个中上等发展中国家的目标，韩国必须大力发展资本货物产业，加快转变以轻工业为主的滞后的产业结构。第二，重化工业本身具有增长快、潜力大、需求量大等优势特点，对整个国民经济的影响和带动明显。

1977—1979 年间，韩国政府用于重化工业的投资达到了 28060 亿韩元，约占制造业投资比重的 80% 左右，相当于同期轻工业投资的 4 倍。例如，在 1970—1981 年，韩国分 4 期投入 39.3 亿美元建设的浦项钢铁联合企业（始建于 1968 年），其生产能力达到 850 万吨，居西方世界大型钢铁企业的第 8 位；由于 1975 年现代集团建成了年造船能力 200 万吨的现代化大型造船厂，大宇集团 1981 年建成韩国另一个大型造船厂玉浦造船厂，其年造船能力达到 120 万吨，韩国的造船能力达到了 400 万吨；韩国的汽车、水泥和电子工业同样得到迅速的发展，1980—1981 年，他们分别跃居世界第 14、12 和 4 位。

自 1972 年至 90 年代，韩国临港腹地的城市化进程也空前加快。首先，以着手建立国家工业基地为起点，经过十几年的发展，一个面对日本海的半月形新兴工业城市开发地带在蔚山湾拔地而起。于是，原来一个不足 3 万人口的小镇蔚山邑，利用其在太和江与东川流域的区位优势，借助釜山港口的临港辐射功能，到 1975 年已经发展成为一个以汽车、造船业为基础的、拥有 25.3 万人口的新兴工业城市。接着，韩国又建立了另外两个自由出口加工区和 11 个地方工业区以及出口产业基地。后来，这些工业区本身几乎都发展成了具有一定规模的新兴城镇。

转型阶段：这一时期是从 20 世纪 90 年代开始，经历经济危机后，韩国政府逐渐认识到经济对外依赖程度过高，提出科技立国的基本国策，开始注重产业类型的转移，以釜山港为中心的东南沿海经济带和以仁川港为中心的京仁产业区这两大临港经济带的产业格局逐步由第二产业向第三产业转移。随着港口之间竞争进入白热化阶段，以釜山、仁川、光阳为代表的一批港口开始寻求各自的产业调整，产业结构逐渐向技术、知识密集型和新兴产业转移。韩国政府也开始更多地扩建港口，确立了第三个全国港口发展计划。

韩国两大临港经济带的产业结构调整和 20 世纪 90 年代初韩国调整外向型经济战略是分不开的，主要有以下几个原因。

第一，韩国的外向型经济对国际市场的依赖性非常大，主要体现在对美国和日本的依赖性上。在进口方面，美国和日本几乎占到了韩国进口额的三成到四成。在20世纪60年代至90年代初期，韩国一共引进了7400余项技术，其中有接近80%来自美国和日本。第二，国内劳动者的工资增长幅度大幅加快，这大大提高了工业生产的劳动力成本。第三，就国内产业分布来看，地区分布严重不均衡，经济发展呈现出东快西慢的趋势。第四，高新技术自主研发相对落后，制约产业结构向高端化和合理化的目标转变。第五，从企业结构上看，中小企业规模小、实力弱，大企业集团膨胀的瓶颈现象仍然严重。

从20世纪80年代中期开始，韩国提出转移国内经济发展重心，将经济发展重心逐步向西部转移，政府自上而下全力推进这一目标，在西部投入巨资大力修建道路、机场等基础设施建设，并重点开发了数个规模巨大的经济园区，尤其是建设了光青高精尖技术工业园区。

（2）港口经济发展现状

20世纪60年代以来，韩国工业产业结构开始逐步向重、化学工业转化。钢铁、造船、汽车是韩国的重工业中心，其生产原料铁矿石、煤炭产品运输量大，韩国东南沿海产业区和京仁产业区的海运便利，适合建设大型钢铁厂。在东南沿海产业区和京仁产业区开发之初，政府大规模填海造地，建设大型钢铁厂，东南沿海产业区和京仁产业区集中了全国大部分钢铁厂。造船工业，特别是大型远洋船只的制造也就只能分布在沿海地区。汽车制造产业作为韩国的支柱产业之一，也需要靠近原料地，特别是靠近钢铁产地，而韩国钢铁生产企业主要集中东南沿海产业区和京仁产业区；同时汽车产品需要大量出口国外，因此汽车工业依托钢铁生产企业和港口，也主要分布在沿海优良港口地区，特别是韩国东南沿海产业区和京仁产业区。

韩国的化工产业以炼油、石油化学为中心产业。其化工原料主要依赖进口，为了获得充足的原料，节省运输成本，韩国东南沿海产业区和京仁产业区利用其得天独厚的自然条件，集聚了几乎全国的石油化学工业企业。该地区临港经济的迅速发展保证了以重化工业为中心的韩国经济的高速发展，进而确保了20世纪60年代以来韩国重化工业化经济发展战略的实现。

（3）港口经济发展策略、未来计划与启示

韩国以发展战略性新兴产业提升竞争力。科技创新是新兴产业发展的机会和动力，韩国在经济发展过程中选择了发展新兴产业为突破口，制定《新增长动力规划及发展战略》，将绿色技术、尖端产业融合、高附加值服务等三大领域共 17 项新兴产业确定为新增长动力。

韩国以发展低碳经济推动临港产业发展转型。金融危机以来，韩国开始重新审视经济发展模式，寻求未来经济新的增长点和新经济增长模式。韩国经济发展向“低碳经济”转型，把开发新能源、发展低碳产业作为重振经济的重要动力。低碳产业以发展核能、风能、太阳能和生物能等新能源为核心，实现低碳技术在建筑、交通和制造业等方面的应用，发展新能源汽车、电气轨道交通、节能建筑材料、绿色制造和循环经济等，智能电网、锂离子电池技术等成为当前低碳技术的热点。

韩国以信息化与产业融合发展推动产业升级。近年来，韩国积极发展信息化技术，推动产业升级和结构调整，实施绿色 IT 战略，实现低碳和绿色增长。未来 5 年建设投资 189.3 万亿韩元发展信息核心战略产业，确立 5 个信息产业的核心战略领域：信息复合产业，软件业、半导体、显示器和手机领域，无线宽带、交互式网络电视、立体电视应用，超高速宽带网络等。韩国想借此启动下一轮产业规划和布局，通过引导和刺激资本向宽带经济和数字领域流动，抢占信息优势制高点，推动产业升级，促进扩大内需，提升国家长远竞争力。

6. 新加坡自贸港：“以港兴市，以港兴国”

新加坡自由贸易港位于马六甲海峡的东南侧，扼太平洋、印度洋航运要道，是世界著名的航运中心、世界第三大炼油中心、第三大金融中心，也是全球著名的电子工业中心，亚太地区最大转口港，世界最大的集装箱港口之一，是集仓储、贸易、加工和金融等功能于一体的新型国际性港口。

（1）港口发展历史

新加坡自贸港建设大体上经历了三个阶段：1959 年到 1970 年向有限自贸港过渡的转型期；1970 年到 1990 年是制造业与服务业并举的发展期；1990

年至今为多功能自贸港的繁荣期。也有学者认为新加坡自贸港建设经历了四个阶段：劳动密集型产业主导阶段、技能密集型产业主导阶段、资本密集型产业主导阶段和知识密集型主导阶段。然而，无论从理论上看经历了几个阶段，都体现了新加坡自由贸易政策调整的灵活与睿智。

劳动密集型产业主导下向有限自贸港过渡的转型期。1959 年自治后，为了解决建国初期资源匮乏、失业率居高不下的难题，新加坡政府推行“进口替代”政策保护本国工业，同时顺应了以美国为主的发达国家转移低端制造业的需求。1961 年，新加坡政府建立了第一个工业园区——裕廊工业园区，这是新加坡迈向大型工业化的关键步伐。1965 年脱离马来西亚联邦后，新加坡开始通过加大基础设施建设和优惠税制，大力吸引外国资本和跨国企业，实行以出口为导向的外向型产业化道路。也正是在这一时期，1966 年新加坡颁布了《自由贸易区条例》，1967 年颁布《经济拓展奖励（豁免所得税）法案》鼓励出口工业，并于 1969 年在裕廊港码头设立了第一个自由贸易区。

技能密集型产业主导下制造业与服务业并举的发展期。从制造业来看，1980 年代开始周边发展中国家更低廉劳动力市场逐渐放开，新加坡在国际贸易中从事劳动密集型产业的比较优势逐步消失，并由此开始调整政策，重点发展高新技术产业。新加坡政府逐步取消了对劳动力密集型产业的扶持政策，开始通过财政补贴等各种产业扶持政策，大力引进技能密集型产业，如制药行业、计算机行业、电子设备及机械制造行业等。此外，新加坡政府积极推动现代服务业等发展和输出，在依托港口的自由贸易方面，除了保留一些基本的激励政策外，还制定了针对不同产业部门的具体优惠便利政策，促进服务业各产业的繁荣。

资本和知识密集型产业主导下多功能自贸港的繁荣期。1990 年，新加坡港口集装箱吞吐量跃居世界第一位，时至今日仍在全球集装箱港口排名中名列前茅，2022 年集装箱吞吐量仅次于上海港。全球超过 90% 的货物可以自由进出新加坡而不需要缴纳关税。在这一时期，新加坡转而支持资本密集型和知识密集型产业，具有代表性的是石化工业和电子制造工业。在“需求未到，基础设施先行”政策的指导下，裕廊岛连通了南部的 7 个岛屿用以扩建产业园，吸引世界知名的石油化工企业纷纷到新加坡建厂，裕廊岛逐渐发展成为形成完整产业链的石油化学品生产基地。此外，科技在新加坡国家发展战略中的地位逐渐上升。目前，新加坡是世界上最大的电脑磁盘驱动生产国和第五大半导体生产国。此外，新加坡还是软件业的“总部经济”所在地，吸引了全球 80% 的顶尖软件和服务公司。

（2）港口经济发展现状

新加坡通过建立工业区发展工业体系，在电子电器、炼油、船舶修造等方面形成产业优势。工业和贸易的发展吸引了各类要素在港区集聚，从而推动了金融、第三方物流等服务业的快速发展。这一发展路径符合新加坡通过港口发展带动城市发展的理念。随着环保意识的提升以及城市整体规划的注重，新加坡致力于向知识经济转型，重点发展资本密集型和技术密集型的高科技产业，并积极发展与港口相关的服务产业，例如国际旅游业和会展业。新加坡港产业集群的分布已经沿着港区不断向外延伸，产业链多集中在航运产业上游，形成了以发展国际高端航运业为主的知识驱动型的航运发展模式。

化工产业。新加坡裕廊岛工业区是仅次于美国休斯敦和荷兰鹿特丹的世界第三大炼油中心。新加坡还是世界石油贸易枢纽和亚洲石油产品定价中心。值得一提的是，新加坡是全球最大的自升式石油钻井平台制造国，占有全世界 70% 市场份额。

炼油石化产业是新加坡的重要经济支柱。新加坡的石化行业早在 2011 年时，产值就高达 770 亿美金，占当时生产总值 34%。新加坡的炼油厂除了加工汽油等不同油品，还能生产气态燃料、合成气体、石油化工产品以及润滑油和沥青原料。

电子产业。新加坡电子产业以 32% 的比重遥遥领先于化工、交通、生物医药等其他产业。尤其是全球电子行业排名前 50 的著名企业都将研发中心或亚太总部迁移至新加坡。

新加坡链条式的产业群建设是新加坡电子产业的重要特征，尤其是半导体行业非常典型。数据显示，半导体是新加坡重要的支柱性产业，占到电子制造业 58% 的份额。新加坡半导体的产能在全球的比重早在 2009 年就已经上升至11.2%，因此，新加坡成为全球半导体行业的产业重地。无论是从IC设计、芯片制造，还是封装和测试，新加坡的半导体产业已经形成了一个成熟的产业链生态环境，几乎全球的芯片巨鳄都已在新加坡设厂，因此，非常紧密的产业链不仅为企业寻找到了自己的产业定位，同时也加速了电子产业的全球一体化进程。

精密工程产业。新加坡的精密工程行业发展始于20世纪70年代，如今，精密工程业行业已拥有大约2700家精密工程公司，其中有中小型企业（SME），也有大型跨国公司（MNC），因此，新加坡也成为很多跨国公司的区域总部及重要的研发中心。

精密制造业已成为新加坡经济的重要引擎之一，其产值占GDP的25%左右。新加坡精密工程业在优良的大环境之下快速发展，新加坡目前已占据世界制冷压缩机市场的10%，助听器市场的30%，半导体引线焊接机市场的70%。新加坡已成为亚洲领先的石油与天然气设备的生产基地，全球航空航天维护修理和大修基地。新加坡的精密工程制造业共有约2700家规模不等的公司，包括了中小型企业和大型跨国公司。新加坡在精密工程业具有的独特优势，成就新加坡在全球的领先地位。

新加坡在全球后端半导体设备拥有10%的市场占有率。新加坡精密工程业的强大技术及环境吸引了全球十大晶圆制造设备公司中的九家公司向新加坡供应商进行大型采购。

（3）港口经济发展策略、未来计划与启示

①明显的区位优势。新加坡港“扼马六甲海峡之咽喉，通五湖四海之畅达”。优越的地理位置是新加坡自由贸易港发展的首要条件。不管是发展进口替代工业、出口工业，还是发展其国际金融中心地位为首的现代服务业体系，都与便利的海上运输和完善的交通网络分不开。

②宽松的税收与外汇政策。超过90%的货类进入到自由贸易区内不用交纳关税，应税货物只有酒类、烟草、石油产品以及车辆等四大类商品。存储在区内的货物和区内转口货物都无需交纳消费税。金融自由化水平较高，全面开放外汇市场，取消了外汇管制。区内设有离岸金融中心，实行与境内市

场分割的模式，豁免法定储备金率、无利率管制、不收资本所得税等。

③便捷的货物通关制度。新加坡是国际上最早建立并使用“单一窗口”贸易管理模式的国家，贸易网（TradeNet）的“单一窗口”系统，连接了新加坡所有国际贸易的主管机构，提高了通关效率，降低了通关成本。对区内企业和货物实行“一线放开，二线管住，区内自由”的管理模式。

④健全的法律法规。新加坡制定了《自由贸易园区法案》（*Free Trade Zone Act*），对自由贸易园区的定位、功能、管理体制、运作模式、优惠政策等进行了全面的规定，并明确了自由贸易园区的主要监管部门和职责。同时，还针对关税减免等设立了《新加坡关税法》（*Customs Act*）以及《新加坡货物和服务税（消费税）法》（*Goods and Services Tax Act*），保障自由贸易园区各项政策的持续性和稳定性，保障投资者的合法权益。

⑤高效的政府管理体制。新加坡自由贸易园区不设政府管理机构，采取海关、民航局、港务局监管，专业公司运营的管理模式，在交通部门牵头下，分别由新加坡港务集团有限公司、裕廊海港私人有限公司、樟宜机场集团3个自由贸易园区管理运营机构管理并经营。

二、国外知名小而精港口经济发展案例

1. 案例遴选标准

以港口经济发展为基本出发点，立足“小”和“精”从全球范围内筛选代表性港口进行分析。其中，“小”是指港口用地规模、岸线长度等指标值较小（岸线长度大多在5km以下，这和国内动辄十几公里岸线的大港形成鲜明对比），“精”是指港口在一定区域内具有较强影响力，且其临港产业或运输货种具有较显著的特性。综合以上标准，课题组从全球主要国家和地区的150多个基本港中（包含内河港），严格遴选出槟城港（马来西亚）、马尼拉港（菲律宾）、雅加达港（印度尼西亚）、迪拜港（阿拉伯联合酋长国）、卑尔根

港（挪威）、马瑙斯港（巴西）等 6 家港口作为案例来进行分析。

2. 案例分析总结

通过对案例港口在港口地位、地理位置、港口设施、主要货种及货运总量、管理主体、港口经济等方面的特征进行综合归纳分析，可得出其具有一些规律性的普遍特征。

①这些港口都具有较长时期的发展历史，在城市发展的不同历史时期承担着主要功能。同时受限于国土面积，这些小而精型港口大多位于东南亚、南美洲等发展中国家和地区中的小国，以及国土面积有限的欧洲国家，前者如马来西亚的槟城港、菲律宾的马尼拉港、印度尼西亚的雅加达港，后者如挪威的卑尔根港，港口规模和岸线长度都呈现小型化。

②位于发展中国家和地区中的港口既承担着所属国和所属城市国际货物运输中心功能，又承担一定的中转贸易功能，如槟城港作为马来西亚的第二大港，既是著名转口贸易港，又是西马来西亚北部主要物资集散中心。欧洲精小型港口则同时兼具旅游客运和旅游休闲观光功能，现代服务业发展较为成熟，如挪威的卑尔根港既是国内最大的货运港又是滨海旅游度假胜地。总体上看，精小型港口整体处于第二代港口向第三代港口转型过渡时期。

③临港产业多以农产品、矿产品、石油化工品、机械零部件初级产品加工制造为主，中转贸易功能较为突出，如槟城港临港产业以工业为主，且工业中以橡胶及热带农产品加工为主；迪拜港临港产业以造船、塑料、炼铝等制造业为主。

④政策导向上，多以管理方式变革和临港产业转型升级方面的政策为主，总体上看，在管理方式上多以官方或政府为主导，部分港口有意识通过制定相关政策引导市场公司介入经营港口码头，如马来西亚槟城港 1994 年在港口市场化法案的引导下，开始探索市场力量介入港口部分业务领域，呈现政府和市场融合特征。在港口经济转型升级上，产业结构逐步向后现代的服务化、专业化方向转变。

国际知名小而精型港口经济案例详见案例表 1。

案例表1 国际知名小而精型港口经济案例一览表

港口名称	区位优势	港口条件	城市依托	产业基础	政策导向	发展历程
槟城港	马来半岛西部沿海的滨铆屿东北角，濒临马六甲海峡东北侧的入口处	● 马来西亚的第二大港，著名转口贸易港、西马来西亚北部主要物资集散中心 ● 两个港区：槟榔屿的乔治港区和大陆的北海港区；岸线长1411米，主要码头泊位8个，最大水深12.8米 ● 可同时停靠15艘万吨级船舶，进行过驳装卸作业。集装箱堆场可存放10800TEU。码头最大可停靠3万吨载重的油船。大船锚地水深达16米	● 槟城州是马来西亚十三个联邦州之一，位于马来西亚西北部，州首府乔治市是重要港口城市，是首都吉隆坡后马来西亚第二大城市 ● 槟城不仅以多元文化和谐发展著称，而且以“电子制造业基地”享誉全球。槟城的经济是以贸易、工业、旅游业及农业相混合的经济体。电子制造业是槟城的支柱产业	● 工业——橡胶加工业、农产品加工、电子制造业、装备制造业；服务业——海运仓储、进出口贸易 ● 主要出口货物为锡、橡胶、椰子、水果、蔬菜及水产品等，进口货物主要有食品、机器、运输设备及金属产品等	● 假设整体税率为20%，而平均分配利润率收到20%的税，那么，在建立自由港后所损失的进口税，便能从发展服务业及生产业得到。 ● 此外，东协经济共同体（AEC）在2015年要求马来西亚（包括槟城），取消所有东协内部贸易的关税 ● 因此，槟城自由港在国家未全面实施AEC政策前先进行，便有了先发优势，让经济得以先创佳绩	● 1786年被英国东印度公司占领，辟为自由港，作为联系印度、中国及印度尼西亚各地的中继站。后发展为海峡殖民地首府和工商业中心。工业居西马北部地区首位，除炼锡、橡胶外，有造船、建筑材料、油脂、皮革、木材、罐头、印刷、化妆品及手工艺制作。第二次世界大战后，槟城自由港被取消，巴生港作为首都的外港迅速发展，槟城加工业及转口贸易衰退。20世纪70年代开始着手城市改造，建造高层住宅与工厂，建立班丹巴扬巴鲁新镇工业区和自由贸易区，发展电子、纺织与农机工业，成为全国最大电子工业基地，拥有东南亚最大的纺织工业系统，还有以橡胶，木材为基础的加工制造业。与此同时，港区不断扩大，已包括对岸的北海与北赖（新码头）；80年代，横贯西马北部的东西大道（北海—哥打巴鲁）通车，连结槟城与大陆的槟威大桥兴建，密切了槟城与半岛西海岸带的联系，扩大了腹地。槟城港占全国各港总吞吐量的25%。出口橡胶、棕油、锡与木材，进口燃料、糖与肥料等

续表

港口名称	区位优势	港口条件	城市依托	产业基础	政策导向	发展历程
马尼拉港	位于菲律宾最大岛屿吕宋岛马尼拉湾东岸，也称“小吕宋”，濒临天然的优良港湾——马尼拉湾	● 菲律宾最大的海港，菲律宾第一商港 ● 三个港区：马尼拉北港、南港和国际集装箱码头 ● 马尼拉北港占地53公顷，由国际集装箱码头服务公司的子公司马尼拉北港港口公司运营，共有7个码头；马尼拉南港占地80公顷，由亚洲码头公司运营，共有5个码头；马尼拉国际集装箱码头由国际集装箱码头服务公司运营，位于北港和南港之间	● 马尼拉市是菲律宾的首都城市，拥有全国最大的港口马尼拉港 ● 马尼拉是菲律宾的经济中心，它集中了全国半数以上的工业企业，主要有纺织、榨油、碾米、制糖、烟草、麻绳、冶金企业等，产值占全国的60%	● 工业——制糖、榨油、碾米、纺织、肥皂、印刷、食品加工、制药、卷烟等，还有卡车制造及小型钢厂等；服务业——海运仓储，进出口贸易 ● 主要出口货物为大麻、食糖、椰油、烟叶、酒精、椰干、皮张、菜油、木材及三合板等，进口货物主要有机械、纺织品、食品、药品、石油、水泥、大米及杂货等	● 马尼拉港口的关税政策是由菲律宾政府根据世界贸易组织的关税政策制定的。菲律宾通过实施关税，来维护国内的经济利益，促进贸易发展 ● 同时，菲律宾也会根据世界贸易组织的政策不断调整关税政策，以适应当前国际贸易环境，促进贸易发展	● 早在16世纪就成为著名的商港。这里集中了全国半数以上的工业企业，主要工业有制糖、榨油、碾米、纺织、肥皂、印刷、食品加工、制药、卷烟等，还有卡车制造及小型钢厂等。这里集中了全国1/4的高等院校，其中包括菲律宾大学、圣托马斯大学及远东大学等 ● 1834年，西班牙政府宣布马尼拉作为国际性港口，允许各国在此驻扎进行商贸活动，马尼拉正式开港 ● 伴随着马尼拉开港，菲律宾的第一个国际性港口出现了，菲律宾开始成为东南亚地区国际贸易的重要集散地，但更多西方殖民势力的到来，也让菲律宾的经济和政治局面越发复杂

续表

港口名称	区位优势	港口条件	城市依托	产业基础	政策导向	发展历程
雅加达港	位于印度尼西亚中部爪哇岛的西北沿海雅加达湾的南岸，濒临爪哇海的西南侧	● 印尼最大的集装箱港，印尼有名的胡椒输出港，亚洲南部和大洋洲的航运中心 ● 港区主要码头泊位有24个，岸线长达5514米，最大水深11.5米 ● 装卸设备有各种岸吊、门吊、浮吊、集装箱吊、汽车吊及抓斗装卸机等，其中浮吊最大起重能力达200吨，拖船功率最大为1103kW。另有系船浮筒30个，可系泊1.5万载重吨的船舶	● 濒临雅加达市，雅加达是印度尼西亚首都和最大城市，也是东南亚第一大城市 ● 雅加达作为印尼的经济中心，主要以金融居多，占该国生产总值28.7%，并拥有国内最大的金融和主要工商业机构，雅加达早于15世纪已是重要商港，殖民时代曾是荷属东印度公司总部所在，贸易遍及亚、欧、非三大陆	● 工业——造船、汽车装配、机械、建材、纺织、轮船、化肥、食品加工和化工等；服务业——进出口贸易、海运仓储 ● 主要出口货物为橡胶、茶叶、胡椒、咖啡、木材、锌、金鸡纳霜、石油及烟草等，进口货物主要有机械、钢铁、大米、药品、家电、牛及食糖等	● 对于无人认领货物，海关应当立即以书面形式通知该货物的所有人，如果自存放在海关仓库之日起60日内不作处理，海关将该货物予以拍卖。海关规定货物到达印尼后30日内须完税。在雅加达港，货物超过期限后将被送往国营港务公司监管仓库，存放3个月不取的将被拍卖，以用于支付仓储费，余额保留3年无人认领则上缴国库。货物在缴纳关税之前不允许退回	● 雅加达港口最初建于17世纪，是荷兰东印度公司的贸易中心。经过数百年的发展，雅加达港口逐渐成为印度尼西亚最重要的港口之一。在20世纪，雅加达港口经历了一系列的现代化改造，包括扩建码头、改进设施等，提高了港口的吞吐量和效率

续表

港口名称	区位优势	港口条件	城市依托	产业基础	政策导向	发展历程
迪拜港	位于阿联酋东北沿海，濒临波斯湾的南侧，地处亚欧非三大洲的交汇点	● 阿联酋最大的港口，也是集装箱大港之一，中东地区最大的自由贸易港，尤以转口贸易发达而著称 ● 港区主要码头泊位有18个，岸线长4265米，最大水深13.5米 ● 装卸设备有各种岸吊、可移式吊、集装箱门吊、装卸桥、跨运车及滚装设施等，其中集装箱门吊最大起重能力达40吨	● 迪拜是阿拉伯联合酋长国人口最多的城市，也是该国七个酋长国之一迪拜酋长国的首府 ● 迪拜是中东地区的经济金融中心，也是中东地区旅客和货物的主要运输枢纽。石油收入促进了迪拜的早期发展，但由于储量有限，生产水平较低，2010年以后，石油产业只占到迪拜国民生产总值的5%以下。继石油之后，迪拜的经济主要依靠旅游业、航空业、房地产业、金融服务业	● 工业——造船、塑料、炼铝、海水淡化、轧钢及车辆装配等，还有年产50万吨的水泥厂；服务业——进出口贸易、海运仓储 ● 主要出口货物除石油外，还有天然气、铝锭、石油化工产品及土特产等，进口货物主要有粮食、机械及消费品等	● 不干预企业经营活动。迪拜私营部门与政府部门之间达成有效合作 ● 实行自由贸易政策，贸易自由化程度非常高；自贸港企业开展进出口或转口业务只需向管理当局申请注册即可；自贸港无外汇管制规定，企业利润汇出无限制也无税费，可自由选择结算币种 ● 自贸港均拥有完善开放的投资制度；政府对企业的经营活动既不干预，也无任何补贴性政策，只要遵守相关法律法规，就可以投资从事任何行业	● 迪拜市政府从20世纪70年代开始，大力推进与交通运输业有关的基础设施建设，其中港口开发和机场建设是最重要的基建项目。1970年，迪拜拉什德港（PORT RASHID）正式运营。1979年，世界最大的人工港迪拜杰贝拉里港（PORT JEBELALI）开始投入使用。经过努力，迪拜杰贝拉里人工港不仅成为波斯湾地区的第一大港，在世界港口航运业中也占有举足轻重的地位。1991年5月，迪拜成立了港口专业管理机构——迪拜港务局（DPA），对位于迪拜市区的拉什德港和郊外35公里的杰贝拉里港实行统一管理。从此，迪拜港务局在迪拜的经济活动中扮演了火车头的角色，迪拜港口也步入了有序而正规化的发展道路。1999年，迪拜杰贝拉里集装箱吞吐量达到300万TEU，创历史最高纪录。同年，约有10200艘船舶停靠迪拜的两座港口，其中4000艘为集装箱船。约有125家海运公司的航线经过迪拜。由此可见，迪拜已跻身世界主要港口之一，成为世界首屈一指的中转贸易港口

续表

港口名称	区位优势	港口条件	城市依托	产业基础	政策导向	发展历程
卑尔根港	位于西南沿海 KROSS 湾内的 BY 湾东南岸，濒临挪威海的东南侧	● 挪威的最大海港 ● 装卸设备有各种岸吊、可移式吊、浮吊、集装吊、箱吊、卷扬机及滚装设施等，其中岸吊最大起重能力达 50 吨，可移式吊最大外伸距为 30 米，滚装坡道轴负荷达 60 吨 ● 还有直径为 152.4 ~ 203.2mm 的输油管供装卸石油使用。卷扬机卸货率每小时为 140 吨。码头上有铁路线，可直接将货物运往各地	● 卑尔根市是挪威霍达兰郡的首府，也是挪威第二大城市，9 个欧洲文化城市之一，它的魅力展示在剧院、舞蹈、音乐、艺术、食品和展览会中 ● 农业方面，主要有水果种植和渔业；工业有北海石油的炼制、造船、机械、金属加工及食品加工业等；在服务业方面以港口航运与观光旅游业为主	● 工业——造船、水产加工、纺织、化学、冶金和机械等；服务业——进出口贸易、旅游休闲 ● 主要进口货物为粮食、焦炭、面粉、石油、盐、糖、咖啡、水果及杂货等，出口货物主要有鲜鱼、鱼罐头、鱼干、鱼油、纸张、生铁、纺织品、滑石、电机和家具等	● 挪威政府先后制定《环境可持续的水产养殖战略》《海洋战略》《海洋生物勘探战略》等一系列法规，构建完善的海洋战略规划体系，并通过绿色航运计划，高等教育计划促进海洋知识与技术的发展。卑尔根市政府明确港口“绿色+蓝色”的发展理念	● 霍尔曼海运片区过去是海军基地，后来民用企业进入，传统造船业运输业发展起来 ● 1818 年，海军租用部分海岸线，在此地建立棚屋，开始驻扎。1837 年，基于扩建需求，海军接管整个片区，正式建立海军基地。到了 19 世纪后期，开始建造鱼雷艇、装甲船等现代海军舰船。一战时期，海军基地随整个国防一起陷入低谷。二战时被德国占领，期间发生过火灾，对港区建筑造成严重破坏。二战后，此地规模有限且曾经被占领的历史不利于再作为海军基地，1962 年 5 月 4 日，海军正式搬出，成为挪威历史最悠久的海军基地。海军迁出后，民用企业进入，此时此地开始发展造船业和运输业。此时的挪威，依托自身的丰富资源，锁定出口为导向的外向型经济模式，尤其是在造船业方面，20 世纪 50 年代的挪威依然在近海特殊船用设备和渔船生产等领域拥有先进的技术，帮助国家快速进入了经济发展的稳定期。如今，霍尔曼海运片区已经成为世界一流的海洋研究和产业集群

续表

港口名称	区位优势	港口条件	城市依托	产业基础	政策导向	发展历程
马瑙斯港	位于西北部内格罗河与亚马逊河汇流点以上约17公里处	● 亚马逊河中上游农牧产品集散地和最大港口，亚马逊远洋船只的重要商业中心，主要交通枢纽 ● 拥有世界上最大的浮动码头，全长1313米 ● 最大吃水9.10米，港口散装和杂货泊位有：2个浮码头，东浮码头长272米、西浮码头长275米；500米石头砌的驳岸码头，可泊10艘船只	● 马瑙斯是巴西西北部亚马逊州首府。位于亚马逊河支流内格罗河左岸，是亚马逊河的重要港口，万吨货轮可以经亚马逊河到此 ● 工业主要有石油提炼、电子、摩托车、木材加工、橡胶、制革、黄麻、食品等。输出橡胶、巴西坚果、硬木、柯拜巴油、可可、鱼干以及电子产品和黄麻制品	● 工业——制造肥皂，化学品，电子设备以及造船，酿造和炼油；服务业——仓储、物流、中转贸易 ● 主要进出口橡胶、皮革、牛肉、巴西坚果、硬木、柯拜巴油、可可、鱼干及电子产品和黄麻制品	为促进园区得以更好地发展，巴西政府颁布多项相关政策和法规。1957年，国会通过3173号法令，标志着玛瑙斯正式成为自由港。1967年，国会通过288号法令对3173号法令内容进行进一步扩展。1968年，玛瑙斯自由贸易园区在356号法令颁布后，正式将其开发政策辐射至西亚马逊地区	● 玛瑙斯原是一个经济落后的西北内陆腹地城市，于1957年被巴西政府选定为建立自由港的试验区，并于1967年正式更名为巴西玛瑙斯自由贸易园区。玛瑙斯被设为自由贸易园区后，推行对外开放与内地开发相结合的发展战略，并成为发展中国家建立自由贸易园区的先行者。玛瑙斯自由贸易园区成立后，经历了三个发展阶段：一是商业服务业发展阶段。亚马逊地区具有独特的自然景观和便利的水路交通，玛瑙斯自由贸易园区充分利用地理及自然优势，大力发展商业和以旅游为代表的服务业，取得卓越成效。二是工业发展阶段。1971年，在发展商业和旅游业的基础上，巴西政府又开辟了专门的工业区，大力发展工业，使工业产值稳步提升。三是农牧业发展阶段。该时期巴西政府再次划出59万平方公里土地用来种植粮食、咖啡等产品，并设立农牧业发展基地，以满足园区对农副产品的需求

续表

港口名称	区位优势	港口条件	城市依托	产业基础	政策导向	发展历程
					1976年后，巴西政府相继颁布19项法令，对引进外资和国外先进技术给予保护和鼓励，同时保护本国民族工业发展，实现“巴西化”目标。另外，玛瑙斯自由贸易园区还制定多项优惠政策。如，对涉及进出口、工业产品、货物流通、外汇利润汇出和区内再投资等制定税收优惠政策；对使用巴西产品达到85%以上的外企，在税收、官方贷款、与政府订立合同时给予优惠待遇；鼓励园区引进外资；企业每年及时更换环保建设许可证和环保运营许可证方可享受园区优惠条件，等等	玛瑙斯自由贸易园区经过长达四十余年的发展，形成了工、商、农牧共同发展的局面，同时形成了以玛瑙斯为中心、以西亚马逊地区为腹地的两大开放体系，园区引进的外资、先进技术最大限度辐射至周边地区，以园区为轴心带动了西部、西北部落后地区的经济发展

三、国内典型港口经济发展案例

1. 上海港口经济发展：资源整合带动区域经济发展

上海是中国最大的国际经济中心和重要的国际金融中心，位于长江三角洲地区，是中国经济发展最活跃、开放程度最高、创新能力最强的区域之一。随着“浦东开发开放”“长江经济带发展”等一系列国家战略的实施，上海港口经济发展经历了海运服务型—临港工业主导型—现代服务业为主导的一体化发展型的不同阶段，同时以资源整合带动整个长江流域的经济发展，成为我国港口经济发展的先锋。2023 年上海港口经济增加值达到 5600 亿元，占到我国海港城市港口经济总量的近 9%，对上海市 GDP 贡献率达到 12%。其中，港口经济增加值中第三产业占比由 2010 年的 41% 提升至 2023 年的 48%，产业结构升级明显。

（1）临港产业区不断升级

上海临港产业区作为中国高端装备制造的一张名片，在十多年前还是一片人迹罕至的荒芜滩涂，如今已基本建成发电及输变电设备、大型船用设备、汽车整车及零部件、海洋工程、物流装备与工程机械装备、航空零部件配套、装备再制造等产业集群。

临港产业区地处长江口和杭州湾交汇处，北临浦东国际航空港，南接洋山国际枢纽港，拥有 13 公里长的海岸线，具备码头资源，是上海沿海大通道的重要节点城市和中国（上海）自由贸易试验区建设的直接腹地，也是世界上少有的集航空、海运、铁路、高速公路、内河运输等五种交通功能于一体的区域，包括上海电气、上汽集团、中航商发、中船集团、外高桥海工、三一集团等多家业内龙头均在此“落户”。根据规划，临港产业区未来将成为辐射带动长三角、服务中国制造业能级提升并在全球具备一定影响力的“国际智能制造中心”。到 2025 年，临港产业区将基本建成具有一定影响力的国际智能制造中心，成为全球智能制造技术和服务输出的重要创新基地之一。

上海临港经济发展（集团）有限公司（简称临港集团），作为开发临港产业的主体，提出“2+4+3+X”产业布局创新生态，将核心区与科技城、区域性科创中心以及若干个临港新业坊，纳入一个共生的创新系统，优势互补，为各种“创新势力”提供了成长空间。

“2”是临港产业区、漕河泾开发区两大核心区。临港产业区依托装备制造产业区、临港科技城、大物流平台、奉贤园区、洋山自贸区、海外创新中心六条线，强化功能布局、创新引领、项目引进、环境配套，加快上海科创中心主体承载区建设。一批重大产业项目，如奔驰再制造、君实医疗等已经开工，郡正、泛智微型燃机、卡贝尼精密陶瓷、中车深海机器人、旻艾等已经入驻标准厂房，大硅片、上飞装备、诺信汽车、昌强重工、延锋百利得等已经竣工投产，还有一批储备项目，如中科院高效低碳燃气轮机试验装置、300mm 半导体硅片二期项目、华大半导体两个项目基本落地，还有新增的核岛主设备制造智能工厂、新型消音产品生产车间智能化等 9 个智能制造示范项目亦将很快实施。此外，奉贤园区也已签约落户法国西奈图汽车精密件、术凯医疗机器人项目、上海赞匠机器人项目、康玛体外蛋白合成项目等 17 家高端高质高效企业。

漕河泾开发区作为一个成立多年的知名科创园区，不断伸展优势，以建设科创服务示范区为抓手，推动市场提效、专业提质、标准提升、发展提速，全力打造科创服务漕河泾品牌，加快园区转型升级和重要承载区建设。加强对世界 500 强、一部三中心、行业隐形冠军的引进，奇虎 360、明阳风电、东电化兰等行业领军企业研发中心成功落户；园区孵化空间全面升级，引进中央千人计划企业 2 家，获得千万级以上的融资企业 13 家，完成 87 家高新技术企业认定；国家知识产权试点园区通过验收，上海知识产权交易中心、上海商标审查协作中心挂牌开业，成为上海知识产权服务链最完备的区域。

“3”是奉贤南桥、浦东康桥、金山枫泾三个区域性科创中心。南桥园区围绕“东方美谷”核心区、“新三板基地”建设，引进了医本医疗、万通生物、睿昂生物、斯丹赛生物等生命健康产业优质项目，初步形成产业集群集聚，打造“中欧众创共享平台”“中国智能设备科技孵化器上海中心”科创平台。康桥园区积极对接张江科创中心建设核心区，导入天楹股份、晶晨半导体、宜信普惠、香港捷丰集团等行业龙头企业，完成平台公司认定工作。枫泾园区抓住G60科创走廊和枫泾特色小镇建设契机，积极推进临港枫泾先进制造业基地和临港枫泾科创小镇，先进制造业基地一期项目建成，并很好地辐射长三角。

“4”是松江科技城、临港科技城、桃浦智创城、浦江国际科技城四大科技城。松江科技城以“一座科技城、十家龙头、百家高新、千亿产出”为发展目标，努力打造G60科创走廊的龙头和标杆。在产业集群方面，进一步壮大主导产业规模的同时，大力培育新兴产业，以新一代信息技术与智能制造、工业设计与检验检测为代表的六大产业呈现爆发式增长；在创新创业方面，阿里巴巴创新中心获批上海市级科技企业孵化器，谷歌AdWords上海体验中心为区内企业提供数字营销服务，专业化智能物联孵化器投入运行。

临港科技城以创新功能性平台为依托，带动产业落地和集聚，初步探索功能平台与产业项目联动发展模式，推动产学研一体化发展，全力打造主体承载区核心区。首发项目“创新晶体”工程已完成围护桩施工和土方开挖；引进寒武纪、曜宇航空、承兰科技等人工智能上下游企业，慧程智能等智能制造研发企业、中天鸿骏、玺摩激光器等芯片及半导体、集成电路装备制造企业，初步形成特色产业集群。

桃浦智创城按照卓越全球城市建设要求，坚持高起点规划、高品质建设，谋篇建设以智慧、科技为特色的产城融合新社区，正在成为全市中心城区脱胎换骨、转型升级的示范地区。

浦江国际科技城围绕“先进制造”“生命健康”“文化创意”“电子商务”“检验检测”等5+X的产业发展态势进行产业布局、升级和推进，全面加强国家产城融合示范区、科创中心建设重要承载区建设。

“X”就是若干个临港新业坊。以合作共赢的理念，整合市场合作伙伴资源，以宝山新业坊源创、静安新业坊尚影国际、静安新业坊飞乐大厦、宝山新业坊青年创客社区、虹口新业坊智立方等项目为载体，新业坊在市中心多点布局，百花齐放。

（2）加强区域合作

近年来，临港集团通过“区区合作、品牌联动”加快拓展步伐，不断增强品牌影响力和显示度。同时，加快“走出去”拓展，形成了覆盖上海、拓展长三角、布局全国、延伸海外的园区布局，为临港的创新插上了新的翅膀。

目前，临港集团已经与浦东、嘉定、崇明等行政区签署战略合作协议，确定合作开发浦东周浦、嘉定江桥、崇明长兴岛等区域；与松江、金山等区合作，沿线G60科创走廊加快布点，深度参与松江九科绿洲建设，确定了以“一体化、无边界”为理念的项目整体规划设计，继续推进“一区多园、一园多点”布局，向洞泾、泗泾、佘山、中山等街镇发展延伸。这些举措也打通了长三角的创新产业链，构建出一条优势显著的科创大走廊，调动起更多的长三角创新资源。

（3）加强资源整合

加强港口物流资源整合，围绕口岸功能服务同时，撬动社会能力、承接自贸区溢出效应，从规划建设、业务拓展、政策集聚等方面持续提升港口物流功能，完善区域多式联运体系，开展物流联盟合作，打造综合性港口物流运营能力，形成对产业发展的重要支撑。加强资源整合，形成以临港、松江、奉贤公租房为主的居住服务板块，以商业服务、教育服务、交通服务、能源服务为主的配套板块。

（4）完善资金支持

完善投融资体制，不断拓宽融资渠道，拓展产业开发基金。与临港管委会组建了10亿元的智能制造母基金，并将规模增加到30亿元，拉动社会资本投资超过100亿元。牵头与上海建工、上海信托等组建了产业并购基金“科创一号”。通过“基金+基地”实现招投联动，带动了一大批被投企业入驻各园区。

2. 烟台港口经济发展：立足特色打造精品产业链服务

烟台位于中国山东半岛北侧芝罘湾内，东北亚国际经济圈的核心地带。烟台港是中国沿海25个重要枢纽港口之一，是中国沿海南北大通道的重要枢纽和贯通日韩至欧洲新亚欧大陆桥的重要节点。在港口林立的环渤海区域，烟台港聚焦临港特色产业，打造小而精的特色港口经济产业链。2023 年烟台港口经济增加值达到 1160 亿元，占到山东海港城市港口经济总量的 20%，对烟台市 GDP 贡献率达到 11.4%。其中，港口经济增加值中第三产业占比由 2010 年的 18% 提升至 2023 年的 33%。

打造重大件运输港。烟台港蓬莱东港区已开展重大件运输业务。蓬莱东港区 2019 年完成重大件运输 63 万吨，主要为大金、东方电气、巨涛等临港装备制造产业服务。蓬莱东港区重大件运输需求增长潜力较大。依托港口资源，未来蓬莱区将大力发展海工装备、海上风电装备、船舶制造、汽车装备及零部件装备制造等产业，产值将突破千亿元。在蓬莱构建装备制造出口基地，将蓬莱东港区打造成渤海湾南岸的特色专业港。预计 2025 年和 2035 年蓬莱东港区重大件吞吐量将达到 150 万吨和 300 万吨。

蓬莱东港区将着力打造服务装备制造等产业发展的重大件运输港，未来将合理规划符合临港产业需求的重大件码头，减少临港产业对岸线资源的占用，鼓励临港企业利用公用码头开展运输。

专栏　烟台港蓬莱港区推动临港风电产业发展

山东港口烟台港蓬莱港公司与全球知名海运公司——中波轮船股份公司紧密接洽，连续3条中波轮船股份公司的风电设备运输船舶到港，共载运塔筒等风电设备6.2万方，分别出口巴基斯坦、智利、希腊。蓬莱港公司抓住全球低碳能源发展方向，找准风电产业链“生态位”，凭借精益的物流服务、优质高效的专业化能力，推动临港风电产业和港产城融合发展驶入快车道。

中波轮船股份公司作为世界五大件杂货海运公司之一，在业界享有盛名。通过前期与蓬莱港多船风电设备装船合作，蓬莱港优质的作业服务、高效的作业能力和安全的靠泊条件，赢得了中波轮船股份公司的高度赞誉，树立起“蓬港口碑”。中波轮船股份公司多次派遣高管与蓬莱港洽谈基本港合作方案，将蓬莱港定为其在国内的4个件杂货基本港之一，对蓬莱港争揽风电设备货源出口产生积极影响。

中波轮船股份公司三艘风电设备运输船舶“雄安”轮、“索菲亚”轮、“环宇”轮陆续靠泊蓬莱港，共载运塔筒等风电设备6.2万方。其中，“索菲亚”轮此次装运的4台整机风电机组，包含了风筒、叶片、电机、轮毂等整套装备，这是蓬莱港公司今年首次实现风电货源的跨省争揽，通过“整机出运，一港装货”全新的物流模式，为客户和船东赢得了交货时间，提高了船舶运营效益。多年来，蓬莱港公司加快助推临港产业和当地经济发展，服务能力不断创新突破，风电货源屡创新高。

打造东北亚生鲜冷链物流中心。2019 年烟台港完成冷藏重箱 8 万 TEU，其中出口 6.5 万 TEU，主要货种有蔬菜、肉类、水果及海鲜等，主要流向是日本和韩国。烟台港未来将加快冷链物流硬件设施建设，配备足够的冷藏箱堆场箱位数、装卸机械以及冷库容量。统一规划建设冷链物流中心，涵盖冷藏箱堆场、恒温查验设施、冷冻藏库和分拣、包装等功能。整合货主、清关代理、商品种类、通关节点等信息，建立冷链数据信息平台并加以分析，拓展仓单质押、质押中转、商业保理等金融衍生品。建立以港口为中心的冷链物流产业供应链模式，大力发展以区域冷链物流为核心的流通中心、分拨中心及集散中心。

打造环渤海木材贸易加工中心。木材是蓬莱东港区传统特色业务，自 2001 年开始进行木材进出口业务。2013 年进口量达到 81 万方，为历史顶峰，2019 年为 45 万方。蓬莱东港区建立木材贸易联盟，拓展增值服务，积极与国内大型的木材贸易商建立战略联盟，在蓬莱形成环渤海地区木材进口贸易中心，将进口木材分拨到国内沿海其他地区。除满足木材装卸作业外，可依托堆场资源为客户提供进口木材仓储、物流等服务，同时可向口岸服务、金融服务等延伸，形成全链条一体化服务解决方案。

打造全国葡萄酒进出口加工贸易中心。国内葡萄酒市场具有较大潜力。未来随着人民生活水平的不断提高，国内葡萄酒消费市场将具有很大的发展潜力，消费地将主要集中在东部沿海经济发达地区。蓬莱东具备打造葡萄酒集散贸易中心的优势。蓬莱东港区可以凭借主要葡萄酒产区优势、优良的港口条件、保税区和自贸区相关政策，大力打造国内最大的葡萄酒集散贸易中心。未来蓬莱东港区应为葡萄酒产业主动搭建覆盖华东、华南、环渤海地区的全程物流链服务网络，在保税区可以提供保税仓储、分装等增值服务，在港区后方创建葡萄酒贸易会展基地，在蓬莱形成集葡萄酒生产、运输、贸易、展示、体验、旅游于一体的全方位葡萄酒产业链条。

3. 青岛、舟山、常熟港口经济发展：战略引领，破局发展

（1）青岛港口经济破局方向："再造"一个新的港城

青岛市地处山东半岛南部，中国沿海重要中心城市，也是山东半岛蓝色经济区核心区龙头城市。青岛港是中国沿海25个重要枢纽港口之一和八大集装箱干线港之一，是中国沿黄河流域和环太平洋西岸的国际贸易口岸和中转枢纽，具有北方第一大油品外贸口岸、全球纸浆接卸母港、国家铁矿石储备基地地位。2023年青岛港口经济增加值达到1593亿元，占到山东海港城市港口经济总量的近28%，对青岛市GDP贡献率达到10%。其中，港口经济增加值中第三产业占比由2010年的25%提升至2023年的37%。

港口经济面临的问题：城市包围港口和产业，发展空间受限，需要谋划新的发展空间。

开展战略研究相关成果：《新形势下青岛国际枢纽海港发展规划研究》《山东世界级港口群发展规划研究》《青岛董家口经济区临港产业发展规划》《青岛港总体规划》修订、《青岛港总体规划调整方案》等。

目标计划：打造国际枢纽港、原油和矿石储运基地、黄河门户港；打造化工新材料、临港物流、高端装备、氢能、海洋健康等产业集群；规划董家口港区，支撑未来港口发展、产业升级需要。

实施方向：青岛董家口港区的建设带动产业集聚，带动临港经济区的发展，"再造"一个新的港城。

再造一个青岛港：董家口港区规划陆域面积72平方公里、泊位112个、

码头岸线35.7公里，规划年通过能力5.3亿吨。

再造一个新城市：董家口经济区远期规划面积616平方公里，重点培育发展新材料、高端装备制造、粮油及冷链、木材深加工、再制造、现代物流等产业，集聚亿元以上项目70余个，投资总额超过1600亿元。

产业布局：董家口经济区布局“5+5+7”产业链条（5大传统产业、5大新兴产业、7大服务业），作为“十四五”期间实体经济产业主要的发展框架和方向。

发展效果：西海岸新区GDP约占青岛市1/3，较多的重点产业在西海岸新区进行布局，董家口区域成为港城发展的重点。

（2）舟山港口经济破局方向：实现“流量”向“价值”转变

舟山市地处中国东部黄金海岸线与长江黄金水道的交汇处，背靠长三角广阔经济腹地，是对外开放的海上枢纽城市，重要的现代海洋产业基地和陆海统筹发展先行区，有由国务院批准设立的大宗商品交易管理与监督中心、中国（浙江）自由贸易试验区舟山片区 。舟山群岛新区是中国第四个国家级新区、中国首个以海洋经济为主题的国家战略层面新区。宁波－舟山港年货物吞吐量位居全球第一，集装箱吞吐量居世界第三，国内重要的铁矿石中转基地、原油转运基地、液体化工储运基地和华东地区重要的煤炭、粮食储运基地。2023年舟山港口经济增加值达到624亿元，仅占到浙江海港城市港口经济总量的10%，对舟山市GDP贡献率达到30%。其中，港口经济增加值中第二产业占比由2010年的45%上升至2023年的76%，产业拉动明显。

港口经济面临的问题：大流量、小价值，产业基础薄弱。港口吞吐量高，但对地方经济发展、产业升级的带动较小。

开展战略研究相关成果：《舟山港口经济发展规划》《舟山江海联运服务中心发展战略研究》《浙江舟山群岛新区国际物流岛建设规划》《宁波舟山港衢山港区临港产业选择研究》《宁波舟山港岱山港区临港产业选择研究》《宁波舟山港总体规划》修订等。

目标计划：打造江海联运物流枢纽、大宗商品交易中心、国际海事服务基地；打造临港石化、船舶修造、水产品加工、粮油加工等产业集群；保障了临港产业发展、枢纽港功能的岸线需求。

实施方向：舟山产业、经济得到快速跃升。

打造舟山绿色石化基地，规划面积 41 平方公里，总投资 1730 亿元，4000 万吨 / 年炼油能力，乙烯 520 万吨，芳烃 1040 万吨，2021 年产值达到 1390 亿元，成为舟山首个千亿级产业，2025 年工业产值将达到 3000 亿元。

规划建设“四个拓展区”，与绿色石化基地形成上下游产业链，规划面积 17 平方公里，总投资 1200 亿元，达产后新增产值 3400 亿元。

发展效果：近年来舟山经济凭借海洋经济与绿色石化产业实现快速追赶，增速领跑浙江省。规模以上工业增加值增速远超全省平均水平，其中大榭石化、鱼山绿色石化基地等项目拉动明显。

（3）苏州港常熟港区经济破局方向：以港口岸线功能调整支持产业“腾笼换鸟”

常熟市，江苏省辖县级市，由苏州市代管，位于江苏省东南部、长江下游南岸，全市位于中国县域经济、文化、金融、商贸、会展和航运中心城市的前列，先后被评为全国绿色发展百强县市、全国新型城镇化质量百强区、全国营商环境百强县、常熟港区作为苏州港的重要组成部分，是国家一类口岸，拥有 32.1 公里黄金岸线，万吨级以上泊位 24 个，是我国主要的进口纸浆集散地和钢材进出口集散地。

港口经济面临的问题：港口资源紧张、利用率较低，港口与产业互动性差。

开展战略研究相关成果：《苏州港常熟港区港口岸线整合利用规划》《常熟港口产业发展规划研究》《苏州港总体规划》修订、《苏州港常熟港区总体规划》《苏州港常熟港区铁黄沙作业区规划方案研究和控制性详细规划》等。

目标计划：打造专业物流港、特色产业港、价值创造港。

实施方向：形成“354”新型产业发展体系。将汽车及零部件、装备制造、纺织服装三大支柱产业，作为发展“稳的基础”；大力发展新一代信息技术、生命健康、物流物贸、数字经济、氢燃料电池五大重点产业，作为发展“增的动能”；推动智能货架、高端无纺、玻璃模具和现代氟材料四大特色优势产业转型升级，实现富民增收。整合岸线资源，为专业化码头建设和临港产业发展提供新的发展空间。

发展效果：常熟临港经济选择特色化、专业化的发展方向，形成了港产互动的发展局面。“两区两园”临港产业带近年来发展迅猛，已逐步形成包括汽车整车及零部件、电力能源、精细化工、高档造纸、装备制造等五大主导产业和千亿规模的临港产业集群，并形成了钢材、木材等专业化市场，为常熟港口经济的发展提供了持续不断的支撑力。

附件1　中国海港城市港口经济发展报告2023

交通运输部规划研究院
北京北达城市规划设计研究院

前　言

近年来，全球沿海国家和地区充分发挥港口的战略性引领带动作用，大力推进港口经济发展，对于拉动区域经济增长、提升经济发展水平发挥了重要作用。本次研究在国内外现有港口经济相关理论的基础上，结合发展实践，明确了港口经济的概念，并提出了利用投入产出模型进行港口经济增加值测算的方法，将所有依托和利用港口的各类产业及相关经济活动均纳入其中。根据测算结果，从总量、产业类型、空间分布、贡献度等多个角度描绘出中国海港城市港口经济发展图景。在此基础上，综合各个城市港口运输、临港工业、临港服务业和港产城协调等四个维度的发展水平，全方位、立体地构建出中国海港城市港口经济高质量发展指数，并对全国 59 个海港城市港口经济发展水平进行了综合评价，最后总结提出构建中国高质量港口经济格局的路径建议，以供城市决策者、相关领域研究人员参考。

一、相关概念及方法

（一）海港城市范围

本报告中所称海港城市是指我国沿海港口所在的地级市或直辖市，江苏省长江沿线南京市及下游港口城市亦纳入本次海港城市研究范围。

（二）港口经济概念

本报告中所称港口经济，是以港口为中心、港口城市为载体，依托和利用港口的各类产业及相关经济活动的总和，是港口、产业、城市相互联系、有机结合、共同发展的开放型经济。

（三）港口经济增加值测算

根据港口经济的概念，不同地区的港口经济类型、资源禀赋、港口条件、对外开放程度等相差较大，对港口利用程度不尽相同，依托现有统计数据无法确定各个海港城市港口经济增加值。本次研究利用沿海各个省份、直辖市、计划单列市的投入产出表，根据每个海港城市各个行业对水运业的投入程度以及当年各个行业的增加值，可以全面系统地测算出与港口运输相关的产业增加值，以此作为本次研究测算的基础。具体测算过程如下。

$$a_i=\frac{x_i}{X_i}\ (i=1,2,\cdots,n) \tag{1}$$

其中，x_i表示某地区i部门对水运的投入，X_i表示某地区i部门对铁路、道路、水上、航空、管道、邮政和其他运输方式的投入之和，a_i表示某地区i部门对水运的依赖程度。

$$l_i=a_i\times b_i\ (i=1,2,\cdots,n) \tag{2}$$

$$L=\sum_{i=1}^{n}l_i \tag{3}$$

其中，b_i表示某地区i部门增加值，l_i表示某地区i部门港口经济的增加值，L表示某地区港口经济的增加值。

二、港口经济发展图景

（一）全球港口经济发展图景

港口经济起源于16、17世纪，近半个世纪来，经济全球化的发展促进了钢铁、石化、电力、装备制造等产业向沿海地区转移，在重化工业形成一定规模后，便吸引其他轻工业在临港地区集聚。而随着科技水平的发展，产成品附加值更高的集成电路、海洋生物、电子信息、新能源、新材料等高新技术产业以及金融、贸易、旅游等临港第三产业逐渐在临港地区发展壮大。目前，全球经济总量的60%、全球工业的70%均分布在沿海地区，全球港口经济主要集中在欧洲地区、亚太地区和北美地区。

1. 亚太地区

亚太地区港口经济主要分布在中国、新加坡、日本、韩国等地区。其中，中国沿海地区形成了以钢铁、石化、装备制造等产业为主的港口经济体系，港口经济规模达到5.4万亿元，占到沿海地区GDP的13%左右。裕廊工业区作为新加坡最大的现代化工业基地，是全球最有影响力的工业园区之一、世界第三大石油炼制中心，贡献了新加坡超过20%的GDP，引领新加坡港口经济的快速发展。日本依托东京湾六大港口，聚集了汽车、交通设备制造、石油化工等产业，贡献了全国40%的工业产值与26%的GDP。韩国在东南沿海和西北部沿海地区大力发展港口经济，形成了以釜山港为中心的东南沿海产业区和以仁川港为中心的京仁产业区两大临港经济带，工业产值占全国的80%。

2. 欧洲地区

欧洲地区港口经济主要分布在英国、荷兰和比利时附近。英国港口经济主要产业类型为航运业、港口业、海洋产业。荷兰鹿特丹港作为曾经的世界第一大港，形成了炼油、造船、石化、钢铁、食品加工和机械制造等临港工业。比利时港口经济主要产业类型有造船、机械、汽车、电子、照相器材、有色冶金、炼油、石化、纺织、食品加工等。

3. 北美地区

北美地区港口经济主要分布在美国几大著名港口附近。其中，西海岸的洛杉矶港依托其优质的港口资源，大力发展石油化工、汽车制造、电子仪器、钢铁等临港产业。休斯敦港则依托墨西哥湾丰富的石油天然气资源，大力发展航空燃料精炼、基础化学品、生命科学、配送与物流等临港产业。

（二）中国港口经济发展图景

经核算，我国沿海 11 省市的港口经济增加值为 5.4 万亿元，占到 11 省市沿海区域经济总量的 13% 左右。从整体上看，中国港口经济呈现“一核、两区、多片”的空间格局，形成了以上海、苏州等城市群为“一核”引领，以长三角区域和珠三角区域为“两区”协同发展，以环渤海区域、东南沿海区域、西南沿海区域“多片”共同发展的空间格局。

从海港城市港口经济类型来看，仍以传统产业为主。黑色金属冶炼和压延加工业产值以及电器机械和器材制造业的港口经济增加值均超过 2000 亿元，分别位居第一、第二位，化学原料和化学制品制造业、通用设备制造业、非金属矿物制品业、金属制品业和建筑业等行业港口经济增加值均超过 1000 亿元，石油煤炭及其他燃料加工业、仪器仪表制造业和石油天然气开采业港口经济增加值均超过 500 亿元。

1. 辽宁沿海地区港口经济发展格局

本次研究辽宁沿海地区主要包括辽宁省所有海港城市。从各个城市港口经济发展规模来看，大连市港口经济增加值远高于其他城市，营口、丹东、锦州、盘锦、葫芦岛港口经济增加值相对较低，形成了“一核五节点”的发展格局。辽宁沿海地区港口经济类型以石化、造船、冶金、食品加工、旅游等为主，发展模式主要以传统优势型产业为主，集中在资源开采和加工、装备制造等领域，尚未形成区域性的产业竞争优势。

2. 津冀沿海地区港口经济发展格局

本次研究津冀沿海地区主要包括天津市以及河北省所有海港城市。从各个城市港口经济发展规模来看，唐山市、天津市港口经济增加值远高于其他城市，占到区域的88%以上，沧州市、秦皇岛市港口经济增加值较小，形成了“两核两节点”的发展格局。津冀沿海地区港口经济类型以钢铁、装备制造、石化新材料、旅游等传统优势型产业为主，产业分区明显。

3. 山东沿海地区港口经济发展格局

本次研究山东沿海地区主要包括山东省所有海港城市。从各个城市港口经济发展规模来看，青岛市港口经济增加值高于其他城市，烟台市、潍坊市、东营市港口经济增加值处于中等，滨州市、日照市、威海市港口经济增加值相对较小，形成了“一核六节点”的港口经济发展格局。山东沿海地区港口经济类型主要有电子、家电、金属制造、能源、纺织、木材加工、石化、机械、旅游等。当前优势比较明显的是金属制造、机械、化工、家电和电子通讯等产业。

4. 长三角沿海地区港口经济发展格局

本次研究长三角沿海地区主要包括上海市以及浙江省、江苏省所有海港城市。长三角沿海地区港口经济增加值占我国港口经济增加值一半以上。从各个城市港口经济发展规模来看，上海市港口经济增加值高于其他城市，占到区域的四分之一左右，形成了“一核三心多节点”的港口经济发展格局。总体来看，长三角沿海地区港口经济已初步形成以石化、新能源、高端装备、生物、新一代信息技术、新材料、旅游、港口物流、新能源汽车和节能环保为主导的港口经济集群，发展模式主要以战略性新兴产业和现代服务业为主，区域性产业竞争优势明显。

5. 东南沿海地区港口经济发展格局

本次研究东南沿海地区主要包括福建省所有海港城市。从各个城市港口经济发展规模来看，福州市、泉州市、厦门市港口经济增加值高于其他城市，形成了“三核三节点”的港口经济发展格局。东南沿海地区港口经济类型主要以化工、钢铁、装备制造、纺织服装、食品加工等传统产业为主，集成电路、生物医药、新材料等新兴产业正在发展。

6. 珠三角地区港口经济发展格局

本次研究珠三角地区主要包括广东省所有海港城市。从各个城市港口经济发展规模来看，广州市、深圳市、东莞市港口经济增加值远高于其他城市，形成了“两核一心多节点”的港口经济发展格局。珠三角地区港口经济已初步形成以新能源、高端装备、生物医药、新一代信息技术、新能源汽车、食品加工、高端日化、航运物流、旅游为主导的产业集群，发展模式主要以战略性新兴产业和现代服务业为主，区域性产业竞争优势明显。

7. 西南沿海地区港口经济发展格局

本次研究西南沿海地区主要包括广西和海南省所有海港城市。从各个城市港口经济发展规模来看，海口市港口经济增加值远高于其他城市，形成了“一核多节点”的港口经济发展格局。西南沿海地区的港口经济类型主要以石油化工、旅游、物流、商贸、港航运输与仓储业等为主，发展模式主要以传统优势型产业和现代服务业为主。

8. 海港城市港口经济贡献度

根据海港城市港口经济增加值以及在GDP中的占比情况，可以将海港城市港口经济的贡献度分成六大类：第一大类是港口经济增加值大于2000亿元，港口经济增加值在GDP中的占比超过全国平均水平13%，主要海港城市包括上海市、苏州市、宁波市和无锡市；第二大类是港口经济增加值大于2000亿元，港口经济增加值在GDP中的占比低于全国平均水平，主要海港城市包括广州市和深圳市；第三大类是港口经济增加值为 800 亿 ~2000 亿元，港口经济增加值在 GDP 中的占比高于全国平均水平，主要海港城市包括唐山市、常州市、福州市、南通市、嘉兴市、温州市、泰州市、厦门市、盐城市、扬州市和台州市；第四大类是港口经济增加值为 800 亿 ~2000 亿元，港口经济增加值在 GDP 中的占比低于全国平均水平，主要海港城市包括南京市、泉州市、青岛市、天津市、东莞市、烟台市、大连市和潍坊市；第五大类是港口经济增加值小于 800 亿元，港口经济增加值在 GDP 中的占比高于全国平均水平，主要海港城市包括镇江市、东营市、漳州市、宁德市、连云港市、舟山市、湛江市、滨州市、海口市、日照市、盘锦市和儋州市；第六大类是港口经济增加值小于 800 亿元，港口经济增加值在 GDP 中的占比低于全国平均水平，主要海港城市包括惠州市、珠海市、中山市、茂名市、莆田市、江门市、威海市、沧州市、揭阳市、汕头市、钦州市、北海市、阳江市、营口市、潮州市、汕尾市、秦皇岛市、防城港市、锦州市、葫芦岛市、丹东市和三亚市。各个海港城市港口经济贡献度情况参见图 1。

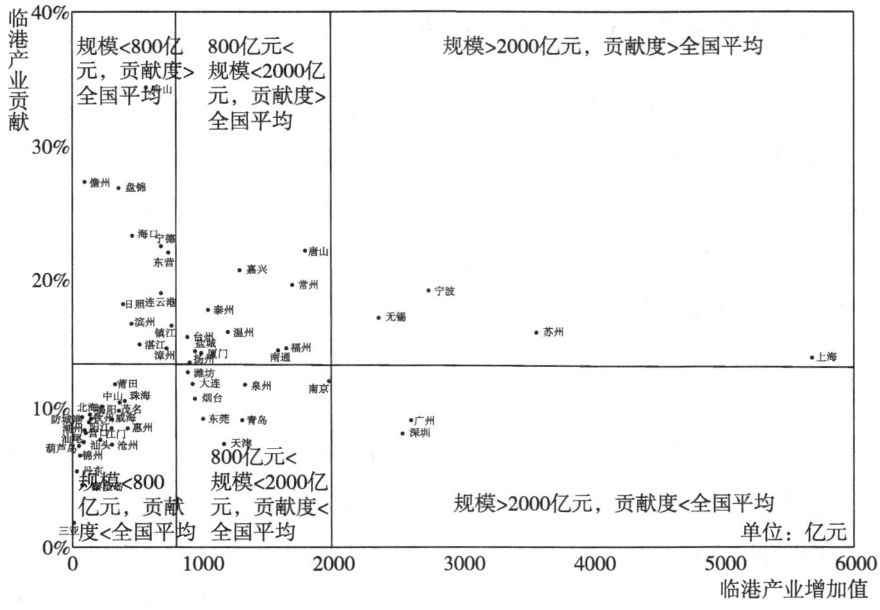

图 1 海港城市港口经济贡献度

三、中国港口经济高质量发展指数

（一）指标体系表

中国港口经济高质量发展指数评价体系共设有 4 个一级指标、20 个二级指标和 50 个三级指标。其中，4 个一级指标包括港口运输、临港工业、临港服务业和港、产、城互动关系；20 个二级指标包括发展规模、资源条件、发展速度、质量效益、枢纽层级、经济保障性、结构优化、城市依托、产业基础、绿色安全、协调发展和港口经济贡献等指标；50 个三级指标是对 20 个二级指标的进一步具体化和细化（表 1）。

表1　　中国港口经济高质量发展指数指标表

一级指标	二级指标	三级指标
港口运输	发展规模	主要选取码头泊位数量、港口吞吐量、集装箱吞吐量等指标
	资源条件	主要选取已利用港口岸线长度、已利用深水岸线长度、剩余港口岸线长度、剩余深水岸线长度等指标
	发展速度	主要选取近 5 年泊位数量平均增速、近 5 年货物吞吐量平均增速、近 5 年集装箱吞吐量平均增速等指标
	质量效益	主要选取港口物流智能化程度、集装箱班轮运输连通度、港口运输的货物价值等指标
	枢纽层级	主要选取在全国沿海港口的层级、煤炭运输系统层级、外贸进口铁矿石运输系统层级、外贸进口原油运输系统层级、外贸集装箱运输系统层级等指标
	经济保障性	主要选取储备规模、码头能力适应度等指标
临港工业	发展规模	主要选取与港口运输相关的工业增加值等指标
	资源条件	主要选取国家级开发区数量、当年工业用地供应量等指标
	发展速度	主要选取近 5 年与港口运输相关的工业增加值平均增速等指标
	质量效益	主要选取临港规上工业营业收入、临港规上工业利润总额等指标
	结构优化	主要选取临港战略性新兴产业产值占比、临港规上工业企业密度等指标

续表

一级指标	二级指标	三级指标
临港服务业	发展规模	主要选取与港口运输相关的服务业增加值等指标
	发展速度	主要选取近 5 年与港口运输相关的服务业增加值平均增速等指标
	质量效益	主要选取临港规上服务业营业收入、临港规上服务业利润总额等指标
	结构优化	主要选取航运中心等级、临港物流企业产值等指标
港产城互动关系	城市依托	主要选取城市等级、人口数量、城市化水平、国内生产总值、进出口总额等指标
	产业基础	主要选取工业增加值、服务业增加值、高新技术企业数量占全国比重、上市公司数量占全国比例比重等指标
	绿色安全	主要选取港口岸电使用率、百万吨吞吐量死亡率及经济损失等指标
	协调发展	主要选取港口后方堆场紧张程度、港城交通矛盾情况等指标
	港口综合贡献	主要选取港口经济从业人员总量、单位岸线经济产出、港口经济增加值占比等指标

（二）指数计算过程

1. 数据来源

本次研究使用了我国沿海省市 2017 年 142 部门的投入产出基本流量表，主要包括辽宁省、河北省、山东省、江苏省、浙江省、福建省、广东省、广西壮族自治区、海南省、上海市、天津市、大连市、青岛市、宁波市、厦门市和深圳市。各个城市不同行业增加值参考各个城市 2023 年和 2022 年统计年鉴。港口数据主要来自《中国港口年鉴》（2017—2022）及交通运输部相关统计数据。

2. 指数计算及评级

将相关数据进行无量纲化处理，与对应权重进行相乘，计算各项指数分值。根据指数得分结果，将各个海港城市指数测算结果分为 A、B、C、D 四级，A 级为 40~100 分，其中 80~100 分评为 A+ 级，B 级为 30~39 分，C 级为

20~29 分，D 级为 0~19 分。

（三）指数计算结果及评级

中国海港城市港口经济高质量发展指数得分最高城市为上海市，评级为 A+；评级为 A 级城市主要有宁波市、苏州市、广州市、深圳市、青岛市、天津市；评级为 B 级城市主要有南通市、无锡市、南京市、唐山市、舟山市、厦门市、大连市和福州市；评级为 C 级城市主要包括烟台市、嘉兴市、常州市、连云港市、镇江市、东莞市等 33 个城市；评级为 D 级城市主要包括三亚市、茂名市、揭阳市、滨州市、潮州市、秦皇岛市等 11 个城市。各个海港城市评级情况参见表 2。

表 2　　中国海港城市港口经济高质量发展指数评价表

评级	城市
A+	上海市
A	宁波市、苏州市、广州市、深圳市、青岛市、天津市
B	南通市、无锡市、南京市、唐山市、舟山市、厦门市、大连市、福州市
C	烟台市、嘉兴市、常州市、连云港市、镇江市、东莞市、漳州市、泉州市、泰州市、日照市、温州市、潍坊市、扬州市、湛江市、珠海市、台州市、盐城市、宁德市、钦州市、盘锦市、东营市、惠州市、海口市、莆田市、北海市、营口市、威海市、沧州市、防城港市、汕头市、江门市、中山市、儋州市
D	三亚市、茂名市、揭阳市、滨州市、潮州市、秦皇岛市、汕尾市、阳江市、葫芦岛市、锦州市、丹东市

四、中国港口经济发展建议

1. 充分发挥沿海港口引擎作用，坚持大力发展港口经济不动摇

从世界经济发展的历程来看，沿海港口城市一直是世界各国经济发展最具活力和生机的区域，是物流集散、要素集聚、产业集中、经济繁荣发达的

地区。世界五大城市群大都是因港口而繁荣，我国沿海地区也因临港而实现高速发展。当前，在我国区域经济格局中，港口建设和发展是影响城市竞争力的重要因素，港口经济也已经成为我国现代化产业体系中重要的组成部分。随着区域经济一体化和“双循环”的不断推进，港口作为水陆交通枢纽和城市对外开放发展的“桥头堡”“主引擎”，将继续发挥促进区域经济发展等重要作用，坚持大力发展港口经济是推动海港城市经济高质量发展的必然选择。

2. 积极推动港口经济结构升级，促进产业迈向全球价值链上游

从沿海各省市港口经济类型可以看出，目前仍以精炼石油和核燃料加工品、船舶及相关装置、金属制品、机械和设备修理服务等传统行业为主，战略性新兴产业较少，从侧面反映出我国港口经济仍然存在着以基础性产业为主、高端产业发展不足的问题。“十四五”期间，在全球产业升级背景下，需要推动港口经济产业链及产业结构升级，依托水运优势大力发展新一代信息技术、生物技术、新能源、新材料、高端装备、新能源汽车、绿色环保以及航空航天、海洋装备等新科技驱动的战略性新兴产业，促进我国港口经济迈向全球价值链中高端。

3. 加快转变传统粗放发展模式，创新港口经济特色化发展路径

加强各区域之间以及区域内各港口城市之间的交流与合作，消除内部市场壁垒，通过深化市场化改革，发挥市场在资源配置中的决定性作用，让各类要素在区域内自由流动。支持园区在开发、管理和运营等方面探索制度集成创新，推动园区建设管理向市场化、专业化转变，提升园区管理和服务水平。提高滨海土地利用效率，通过引导产业的合理空间集聚，促进产业的集群化发展和土地的集约化利用，要尽快制定各市重点滨海开发区和产业园区发展规划，加强园区建设的规划引导。同时，要通过引导用地调整优化产业空间布局，采用相关措施适时腾退低效产业用地，建立完善园区管理—运营—服务机制，提升土地资源综合效益。

4. 尊重港产城一体化发展规律，构建和谐高效港产城协同关系

加强政策体系层次性建设，不断完善港口、城市、产业规划体系，按照国土空间规划总体布局要求，加强港口与城乡建设、产业发展布局的有效衔接，实现港口规划、城市规划、产业规划在编制过程中充分考虑相关要素的需求。推进城市景观岸线与港口生产岸线协调发展，在适当区域布置邮轮、游艇岸线，满足居民高品质生活的需求。将港口污染防治融入城市生态环境保护体系，促进港城协调发展。依托港口建设物流中心、大宗商品交易平台、跨境贸易中心，促进要素资源集聚，服务港口经济升级。优化港口集疏运方式，大力发展海铁联运和水水中转，减少公路集疏运量占比，降低疏港交通对城市交通的影响。

5. 持续加大配套政策支持力度，扎实推动港口经济高质量发展

持续保障临港园区和临港项目新增建设土地指标需求，以能耗强度为导向，增强能源消费总量管理弹性。支持临港重大项目建设融资机制创新，鼓励金融机构为临港园区开发和重大项目建设提供融资支持，探索创新融资模式。支持港口城市设立高质量发展基金投资临港园区基础设施建设。建立专业的港口经济相关培训机构，扩大相应的培训规模，增加高端港口经济人才的培养，制定吸引人才的优惠政策，吸引国内外优秀人才。

附件 2　中国海港城市港口经济发展报告 2024

交通运输部规划研究院

北京北达城市规划设计研究院

前 言

港口经济对建设现代化经济体系具有重要意义，全国一半以上 GDP 集中在我国东部，港口经济是我国东部沿海地区经济发展的重要引擎。2024 年 1 月 31 日，中共中央政治局第十一次集体学习时提出，加快发展新质生产力，扎实推进高质量发展。2024 年 2 月 23 日，中央财经委员会第四次会议强调要优化交通基础设施建设和重大生产力布局，大力发展临空经济、临港经济。党中央、国务院一系列决策部署，对未来海港城市港口经济高质量发展均提出了新的要求。

本报告在国内外现有港口经济相关理论的基础上，结合发展实践，明确了港口经济的概念，将所有依托和利用港口的各类产业及相关经济活动均纳入其中，并提出了综合测算港口经济增加值的方法。根据测算结果，从总量、产业类型、空间分布等多个角度描绘出中国海港城市港口经济发展图景。在此基础上，综合各个海港城市港口运输、临港工业、临港服务业和港产城协调等四个维度的发展水平，构建了中国海港城市港口经济高质量发展指数，并对全国 59 个海港城市港口经济发展水平进行了综合评价，提出促进海港城市港口经济高质量发展的相关建议，以供城市决策者、相关领域研究人员参考。

一、相关概念及方法

（一）海港城市范围

本报告中所称海港城市是指我国沿海港口所在的地级市或直辖市，江苏省长江沿线港口城市亦纳入本次海港城市研究范围。

（二）港口经济概念

本报告中所称港口经济，是以港口为中心、港口城市为载体，依托和利用港口的各类产业的相关经济活动的总和，是港口、产业、城市相互联系、有机结合、共同发展的开放型经济。

（三）港口经济增加值测算

根据港口经济的概念，不同地区的港口经济类型、资源禀赋、港口条件、对外开放程度等相差较大，对港口利用程度不尽相同，依托现有统计数据无法确定各个海港城市港口经济增加值。本次研究以沿海各个省份、直辖市、计划单列市的投入产出表为基础，结合相关调研情况，研究确定每个海港城市各个行业对水运业的依赖程度，将海港城市当年各个行业的增加值乘以各个行业对水运业的依赖程度，可以全面系统地测算出与港口运输相关的产业增加值，以此作为本次研究测算的基础。具体测算过程如下。

$$a_i=\frac{x_i}{X_i}\ (i=1,2,\cdots,n) \tag{1}$$

其中，x_i表示某地区i部门对水运的投入，X_i表示某地区i部门对铁路、道路、水上、航空、管道、邮政和其他运输方式的投入之和，a_i表示某地区i部门对水运的依赖程度。

$$l_i=a_i\times b_i\ (i=1,2,\cdots,n) \tag{2}$$

$$L=\sum_{i=1}^{n}l_i \tag{3}$$

其中，b_i表示某地区i部门增加值，l_i表示某地区i部门港口经济的增加值，L表示某地区港口经济的增加值。

二、我国海港城市港口经济发展图景

（一）我国沿海地区港口经济总体情况

经测算，2023 年我国海港城市港口经济增加值达到 6.2 万亿元，占这些城市经济总量的 13.4%，与 2022 年相比，规模增长 1929 亿元。从整体上看，中国海港城市港口经济呈现“一核、两区、多片”的空间格局，形成了以上海、苏州等城市群为“一核”引领，以长三角区域和珠三角区域为“两区”协同发展，以环渤海区域、东南沿海区域、西南沿海区域“多片”共同发展的空间格局。

其中，长三角区域海港城市港口经济增加值占到全国海港城市的 44.7%，是我国沿海地区港口经济最发达的区域。与 2022 年相比，山东、长三角、广东、西南沿海地区海港城市港口经济在全国的占比分别提升了 0.1、0.1、0.2 和 0.1 个百分点，辽宁、津冀地区、福建海港城市港口经济在全国的占比分别下降了 0.1、0.1 和 0.3 个百分点。

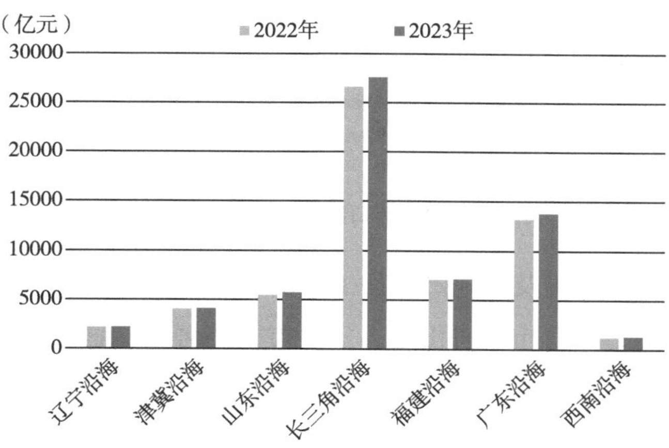

图 1　2023 年各区域港口经济增加值

（二）港口经济分产业发展情况

2023 年，海港城市一产，二产、三产中港口经济的占比分别达到了 15%、22% 和 8%，港口对一产、二产的支撑作用显著。2023 年海港城市的港口经济增加值中，一产、二产、三产比重由 2022 年的 4 ：66 ：30 调整为 2023 年的 4：65：31。

在第二产业内部，港口经济类型仍以传统产业为主，石油煤炭及其他燃料加工业、计算机通信和其他电子设备制造业、黑色金属冶炼和压延加工业、化学原料和化学制品制造业以及电力热力生产和供应业港口经济规模位居前五位，在二产中的占比均分别达到 11.6%、9.8%、9.6%、9.6% 和 8.7%，是与港口运输联系最为紧密的五大行业。

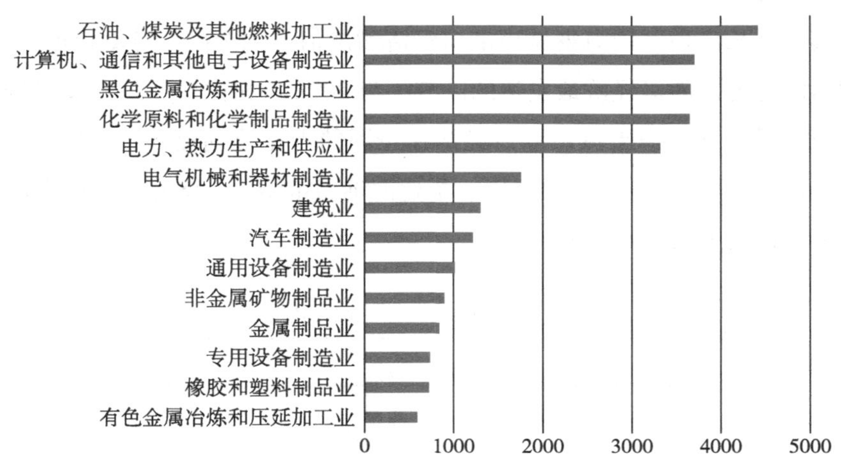

图 2　第二产业中的港口经济主要类型（单位：亿元）

其中，石油煤炭及其他燃料加工业港口经济增加值较大的海港城市主要包括大连市、东营市、舟山市、宁波市、茂名市、惠州市、上海市、泉州市、天津市、南京市等；计算机通信和其他电子设备制造业港口经济增加值较大的海港城市主要包括深圳市、苏州市、东莞市、厦门市、上海市、惠州市、广州市、福州市、青岛市、无锡市等；黑色金属冶炼和压延加工业港口经济增加值较大的海港城市主要包括唐山市、苏州市、无锡市、上海市、南京市、日照市、常州市、天津市、福州市和漳州市等；化学原料和化学制品制造业港口经济增加值较大的海港城市主要包括上海市、宁波市、苏州市、南京市、天津市、嘉兴市、青岛市、东营市、无锡市、大连市等；电力热力生产和供应业港口经济增加值较大的海港城市主要包括上海市、广州市、宁波市、深圳市、嘉兴市、阳江市、温州市、东莞市、福州市和江门市等。

在第三产业内部，批发和零售业、交通运输仓储和邮电业、房地产业以及住宿和餐饮业港口经济规模位居前四位，在三产中的占比均分别达到49.2%、17.5%、6.8% 和 3.5%，与港口运输联系较为紧密。

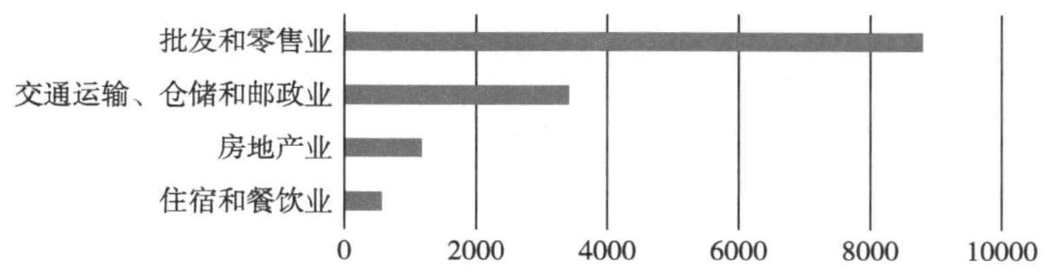

图 3　第三产业中的港口经济主要类型（单位：亿元）

其中，批发和零售业港口经济增加值较大的海港城市主要包括上海市、广州市、深圳市、苏州市、无锡市、宁波市、南京市、泉州市、福州市和温州市等；交通运输仓储和邮电业港口经济增加值较大的海港城市主要包括上海市、广州市、青岛市、天津市、福州市、宁波市、泉州市、唐山市、厦门市和深圳市等；房地产业港口经济增加值较大的海港城市主要包括上海市、福州市、泉州市、苏州市、青岛市、厦门市、广州市、深圳市、漳州市和南京市等；住宿和餐饮业港口经济增加值较大的海港城市主要包括广州市、深圳市、上海市、苏州市、东莞市、南京市、无锡市、泉州市、温州市和常州市等。

三、区域港口经济发展图景

（一）区域港口经济发展情况

区域港口经济总体呈现规模上“北轻南重”、产业类型上“北重南新”等特点。

1. 辽宁沿海地区港口经济发展现状

2023 年，辽宁沿海地区港口经济增加值达到 2179 亿元，占我国海港城市港口经济总量的 3.5%，对辽宁沿海区域 GDP 贡献率达到 14.8%。从各个海港城市港口经济发展规模来看，大连市港口经济增加值远高于其他城市，营口、丹东、锦州、盘锦、葫芦岛港口经济增加值相对较低，形成了“一核五节点”的发展格局。与 2022 年相比，大连市港口经济增长较快，盘锦市港口经济出现小幅下降。

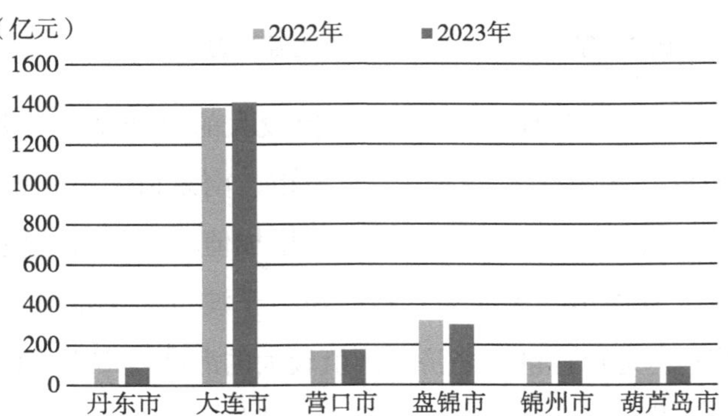

图 4　辽宁沿海地区各海港城市港口经济增加值变化趋势

辽宁沿海地区港口经济类型以石油煤炭及其他燃料加工业、化学原料和化学制品制造业、农业、批发和零售业等为主，发展模式主要以传统优势型产业为主，集中在资源类产品加工、装备制造等领域，尚未形成区域性的产业竞争优势。

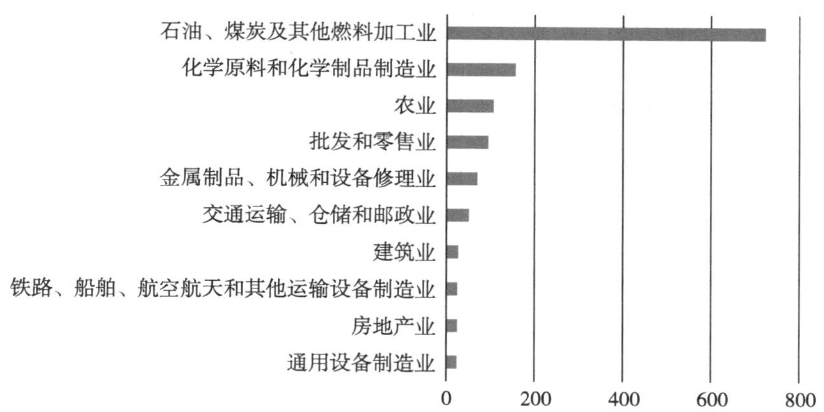

图 5　辽宁沿海地区港口经济主要产业类型（单位：亿元）

2. 津冀沿海地区港口经济发展现状

2023 年，津冀沿海地区港口经济增加值达到 4075 亿元，占我国海港城市港口经济总量的 6.6%，对津冀沿海区域 GDP 贡献率达到 12.6%。从各个海港城市港口经济发展规模来看，唐山市、天津市港口经济增加值远高于其他城市，占到区域的 88% 以上，沧州市、秦皇岛市港口经济增加值较小，形成了“两核两节点”的发展格局。与 2022 年相比，唐山市港口经济增长较快。

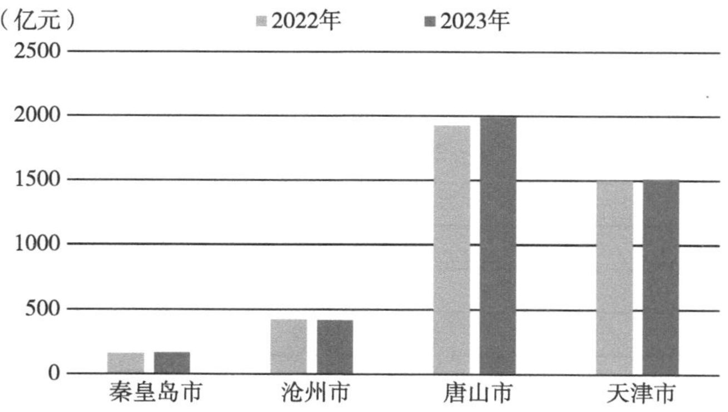

图 6　津冀沿海地区各海港城市港口经济增加值变化趋势

津冀沿海地区港口经济类型以黑色金属冶炼和压延加工业、交通运输仓储和邮政业、石油煤炭及其他燃料加工业、批发和零售业、化学原料和化学制品制造业等产业为主，产业分区明显。

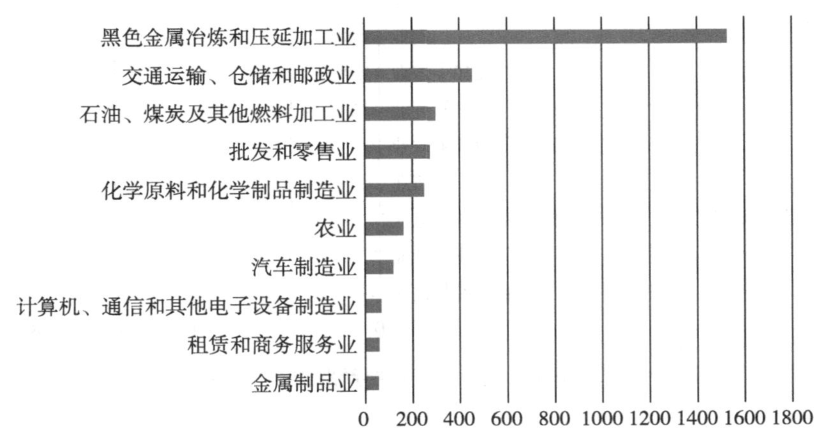

图 7 津冀沿海地区港口经济主要产业类型（单位：亿元）

3. 山东沿海地区港口经济发展现状

2023 年，山东沿海地区港口经济增加值达到 5714 亿元，占我国海港城市港口经济总量的 9.3%，对山东沿海区域 GDP 贡献率达到 12.3%。从各个城市港口经济发展规模来看，青岛市、烟台市港口经济增加值高于其他城市，潍坊市、东营市港口经济增加值处于中等，滨州市、日照市、威海市港口经济增加值相对较小，形成了“两核五节点”的港口经济发展格局。与 2022 年相比，烟台市、青岛市和东营市港口经济均实现了较快增长。

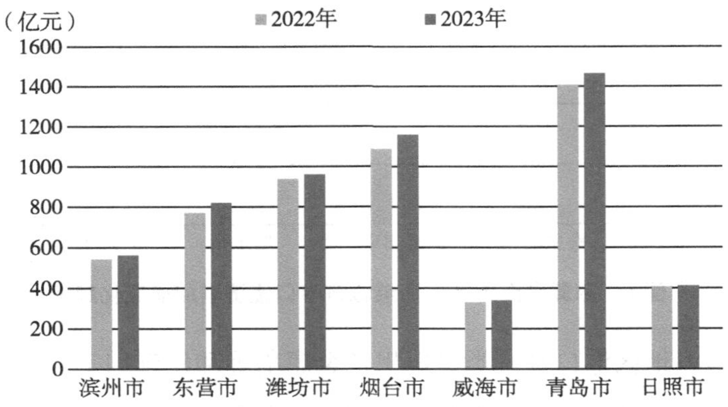

图 8 山东沿海地区各海港城市港口经济增加值变化趋势

山东沿海地区港口经济类型主要有石油煤炭及其他燃料加工业、化学原料和化学制品制造业、批发和零售业、交通运输仓储和邮政业、农业、有色金属冶炼和压延加工业、建筑业、黑色金属冶炼和压延加工业、农副食品加工业等。

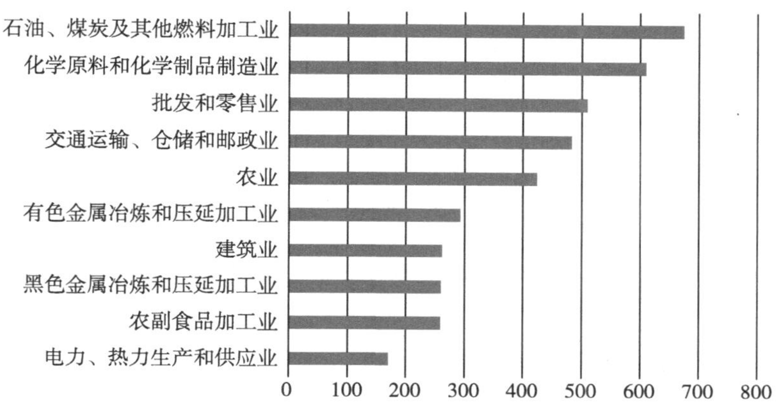

图 9　山东沿海地区港口经济主要产业类型（单位：亿元）

4. 长三角沿海地区港口经济发展现状

本次研究长三角沿海地区主要包括上海市以及浙江省、江苏省所有海港城市，2023 年，长三角沿海地区港口经济增加值达到 2.8 万亿元，占我国海港城市港口经济总量的 44.7%，对长三角沿海区域 GDP 贡献率达到 13.9%。从各个城市港口经济发展规模来看，上海市港口经济增加值高于其他城市，占到区域的四分之一左右，形成了“一核四心多节点”的港口经济发展格局。与 2022 年相比，上海市港口经济快速增长，宁波市、温州市、无锡市、常州市、连云港市、台州市等城市港口经济较快增长。

总体来看，长江三角洲地区港口经济类型主要包括批发和零售业、化学原料和化学制品制造业、石油煤炭及其他燃料加工业、黑色金属冶炼和压延加工业、电力热力生产和供应业、计算机通信和其他电子设备制造业、交通运输仓储和邮政业、电气机械和器材制造业、汽车制造业和建筑业等，发展模式主要以战略性新兴产业和现代服务业为主，区域性产业竞争优势明显。

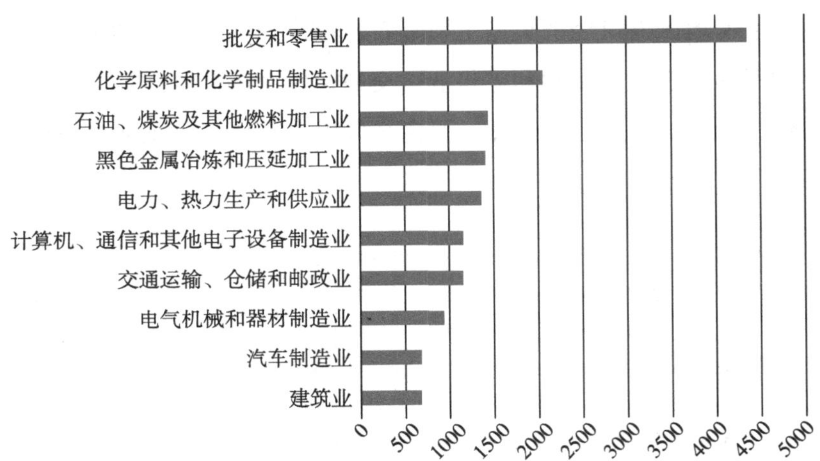

图 10　长三角沿海地区港口经济主要产业类型（单位：亿元）

5. 福建沿海地区港口经济发展现状

2023 年，福建沿海地区港口经济增加值达到 7116 亿元，占我国海港城市港口经济总量的 11.5%，对福建沿海区域 GDP 贡献率达到 15.5%。从各个城市港口经济发展规模来看，泉州市、福州市、厦门市港口经济增加值高于其他城市，形成了“三核三节点”的港口经济发展格局。与 2022 年相比，福州市、宁德市港口经济增长较快。

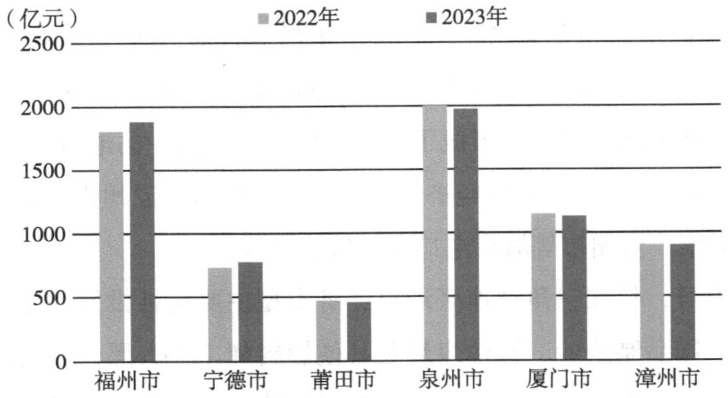

图 11　福建沿海地区各海港城市港口经济增加值变化趋势

福建沿海地区港口经济类型主要以批发和零售业、交通运输仓储和邮政业、电力热力生产和供应业、计算机通信和其他电子设备制造业、农业、黑色金属冶炼和压延加工业、房地产业、非金属矿物制品业、电气机械和器材制造业和皮革毛皮羽毛及其制品和制鞋业等产业为主，集成电路、生物医药、新材料等新兴产业正在发展。

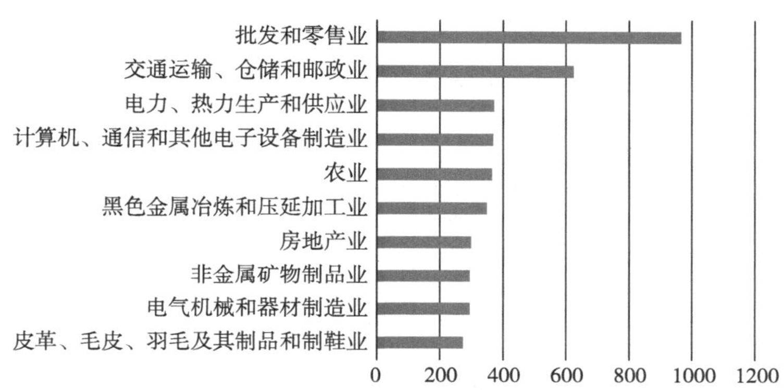

图 12　福建沿海地区港口经济主要产业类型（单位：亿元）

6. 广东沿海地区港口经济发展现状

2023 年，广东沿海地区港口经济增加值达到 1.4 万亿元，占我国海港城市港口经济总量的 22.3%，对广东沿海区域 GDP 贡献率达到 12.3%。从各个城市港口经济发展规模来看，广州市、深圳市、东莞市、惠州市港口经济增加值远高于其他城市，形成了“两核两心多节点”的港口经济发展格局。与 2022 年相比，深圳市、广州市港口经济快速增长。

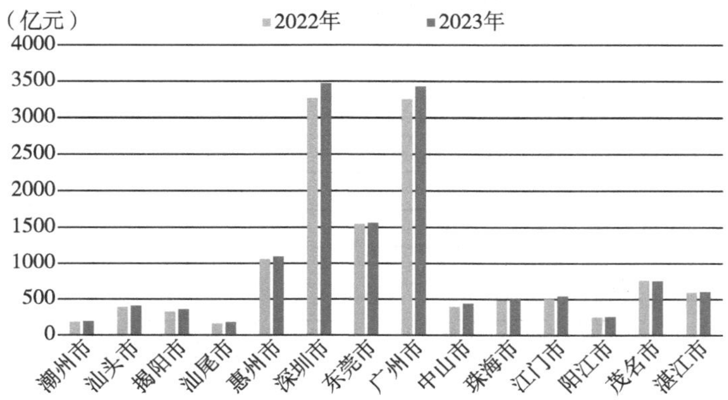

图 13　广东沿海地区各海港城市港口经济增加值变化趋势

广东沿海地区港口经济类型以批发和零售业、计算机通信和其他电子设备制造业、电力热力生产和供应业、石油煤炭及其他燃料加工业、农业、交通运输仓储和邮政业、电气机械和器材制造业、化学原料和化学制品制造业、汽车制造业和建筑业等产业为主，发展模式主要以战略性新兴产业和现代服务业为主，区域性产业竞争优势明显。

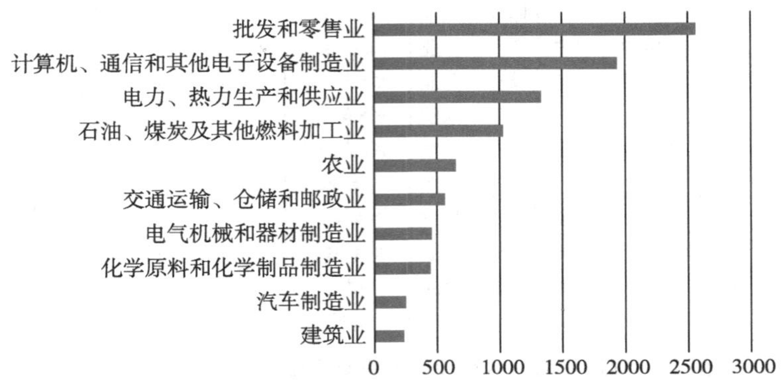

图 14 广东沿海地区港口经济主要产业类型（单位：亿元）

7. 西南沿海地区港口经济发展现状

本次研究西南沿海地区主要包括广西和海南省所有海港城市。2023 年，西南沿海地区港口经济增加值达到 1285 亿元，占我国海港城市港口经济总量的 2.1%，对西南沿海区域 GDP 贡献率达到 14.1%。从各个城市港口经济发展规模来看，海口市港口经济增加值远高于其他城市，形成了“三核多节点”的港口经济发展格局。与 2022 年相比，海口市、儋州市港口经济较快增长。

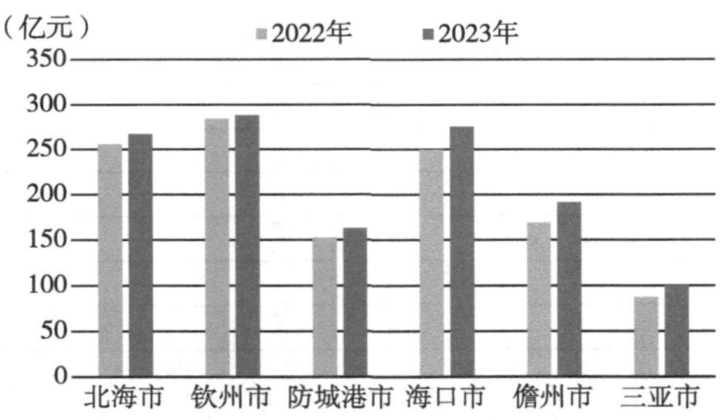

图 15 西南沿海地区各海港城市港口经济增加值变化趋势

西南沿海地区的港口经济类型主要以批发和零售业、交通运输仓储和邮政业、石油煤炭及其他燃料加工业、黑色金属冶炼和压延加工业、电力热力生产和供应业等为主，发展模式主要以传统优势型产业和服务业为主。

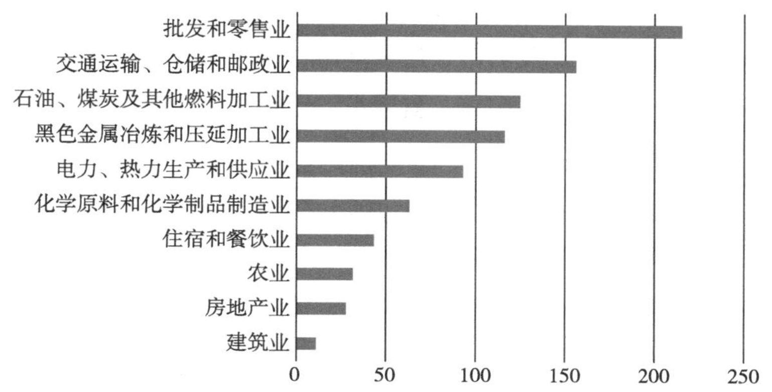

图 16　西南沿海地区港口经济主要产业类型（单位：亿元）

（二）海港城市港口经济发展规模

根据海港城市港口经济增加值以及在 GDP 中的占比，可以将海港城市港口经济的发展规模分成六大类。

第一大类是港口经济增加值大于 2000 亿元，港口经济增加值在 GDP 中的占比超过全国平均水平 13.4%，主要海港城市包括苏州市、宁波市和无锡市；

第二大类是港口经济增加值大于 2000 亿元，港口经济增加值在 GDP 中的占比低于全国平均水平，主要海港城市包括上海市、深圳市、广州市和南京市；

第三大类是港口经济增加值为 1000 亿 ~2000 亿元，港口经济增加值在 GDP 中的占比高于全国平均水平，主要海港城市包括唐山市、泉州市、福州市、南通市、东莞市、常州市、大连市、嘉兴市、厦门市、惠州市和扬州市；

第四大类是港口经济增加值为 1000 亿 ~2000 亿元，港口经济增加值在 GDP 中的占比低于全国平均水平，主要海港城市包括天津市、青岛市、烟台市和温州市；

第五大类是港口经济增加值小于 1000 亿元，港口经济增加值在 GDP 中的占比高于全国平均水平，主要海港城市包括泰州市、漳州市、台州市、镇江市、东营市、宁德市、茂名市、连云港市、舟山市、滨州市、湛江市、江门市、莆田市、日照市、揭阳市、盘锦市、钦州市、北海市、阳江市、潮州市、儋州市和防城港市；

第六大类是港口经济增加值小于 1000 亿元，港口经济增加值在 GDP 中的占比低于全国平均水平，主要海港城市包括潍坊市、盐城市、珠海市、中山市、汕头市、沧州市、威海市、海口市、汕尾市、营口市、秦皇岛市、锦州市、三亚市、葫芦岛市和丹东市。

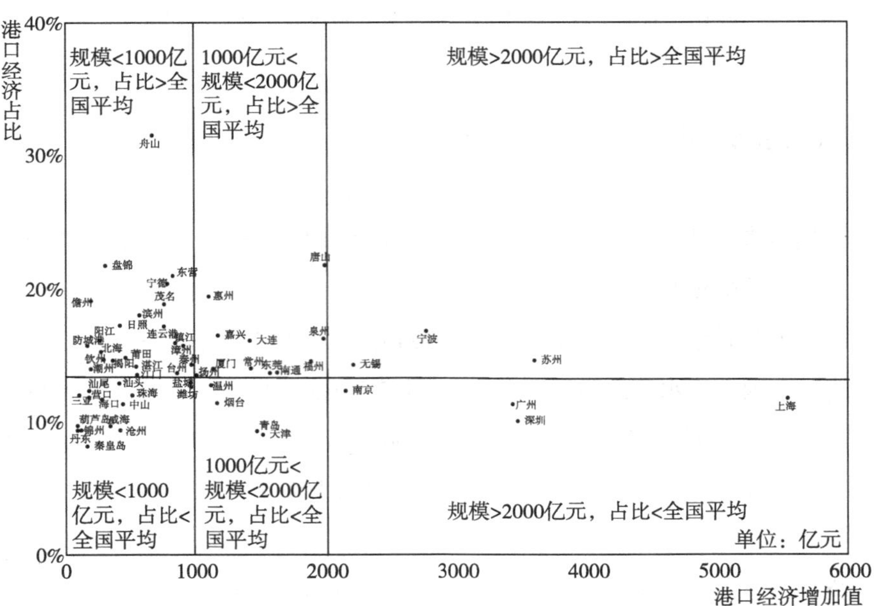

图 17　海港城市港口经济发展规模对比

四、中国海港城市港口经济高质量发展评价

（一）指标体系表

中国海港城市港口经济高质量发展指数评价体系共设有4个一级指标、20个二级指标和50个三级指标。其中，4个一级指标包括港口运输、临港工业、临港服务业和港、产、城互动关系；20个二级指标包括发展规模、资源条件、发展速度、质量效益、枢纽层级、经济保障性、结构优化、城市依托、产业基础、绿色安全、协调发展和港口经济贡献等指标；50个三级指标是对20个二级指标的进一步具体化和细化。

表1　　中国港口经济高质量发展指数指标表

一级指标	二级指标	三级指标
港口运输	发展规模	主要选取码头泊位数量、港口吞吐量、集装箱吞吐量等指标
	资源条件	主要选取已利用港口岸线长度、已利用深水岸线长度、剩余港口岸线长度、剩余深水岸线长度等指标
	发展速度	主要选取近5年泊位数量平均增速、近5年货物吞吐量平均增速、近5年集装箱吞吐量平均增速等指标
	质量效益	主要选取港口物流智能化程度、集装箱班轮运输连通度、港口运输的货物价值等指标
	枢纽层级	主要选取在全国沿海港口的层级、煤炭运输系统层级、外贸进口铁矿石运输系统层级、外贸进口原油运输系统层级、外贸集装箱运输系统层级等指标
	经济保障性	主要选取储备规模、码头能力适应度等指标
临港工业	发展规模	主要选取与港口运输相关的工业增加值等指标
	资源条件	主要选取国家级开发区数量、当年工业用地供应量等指标
	发展速度	主要选取近5年与港口运输相关的工业增加值平均增速等指标
	质量效益	主要选取临港规上工业营业收入、临港规上工业利润总额等指标
	结构优化	主要选取临港战略性新兴产业产值占比、临港规上工业企业密度等指标

续表

一级指标	二级指标	三级指标
临港服务业	发展规模	主要选取与港口运输相关的服务业增加值等指标
	发展速度	主要选取近 5 年与港口运输相关的服务业增加值平均增速等指标
	质量效益	主要选取临港规上服务业营业收入、临港规上服务业利润总额等指标
	结构优化	主要选取航运中心等级、临港物流企业产值等指标
港产城互动关系	城市依托	主要选取城市等级、人口数量、城市化水平、国内生产总值、进出口总额等指标
	产业基础	主要选取工业增加值、服务业增加值、高新技术企业数量占全国比重、上市公司数量占全国比例比重等指标
	绿色安全	主要选取港口岸电使用率、百万吨吞吐量死亡率及经济损失等指标
	协调发展	主要选取港口后方堆场紧张程度、港城交通矛盾情况等指标
	港口综合贡献	主要选取港口经济从业人员总量、单位岸线经济产出、港口经济增加值占比等指标

（二）指数计算过程

1. 数据来源

本次研究使用了我国沿海省市最新的 142 部门的投入产出基本流量表，主要包括辽宁省、河北省、山东省、江苏省、浙江省、福建省、广东省、广西壮族自治区、海南省、上海市、天津市、大连市、青岛市、宁波市、厦门市和深圳市。各个城市不同行业增加值参考各个城市 2023 年统计年鉴和 2024 年国民经济统计公报。港口数据主要来自《中国港口年鉴》（2017—2023）及交通运输部相关统计数据。

2. 指数计算及评级

将相关数据进行无量纲化处理，与对应权重进行相乘，计算各项指数分值。根据指数得分结果，将各个海港城市指数测算结果分为 A、B、C、D 四级，A 级为 40~100 分，其中 80~100 分评为 A+ 级，B 级为 30~39 分，C 级为

20~29 分，D 级为 0~19 分。

（三）指数计算结果及评级

中国海港城市港口经济高质量发展指数得分最高城市为上海市，评级为 A+；评级为 A 级城市主要有广州市、宁波市、苏州市、深圳市、青岛市、天津市；评级为 B 级城市主要有大连市、唐山市、南京市、无锡市、南通市、福州市、舟山市、泉州市和厦门市；评级为 C 级城市主要包括东莞市、烟台市、漳州市、泰州市、连云港市等 21 个城市；评级为 D 级城市主要包括沧州市、江门市、莆田市、茂名市、揭阳市等 22 个城市。各个海港城市评级情况参见表 2。

表 2　　中国海港城市港口经济高质量发展指数评价表

评级	城市
A+	上海市
A	广州市、宁波市、苏州市、深圳市、青岛市、天津市
B	大连市、唐山市、南京市、无锡市、南通市、福州市、舟山市、泉州市、厦门市
C	东莞市、烟台市、漳州市、泰州市、连云港市、常州市、嘉兴市、镇江市、惠州市、温州市、扬州市、潍坊市、日照市、珠海市、盐城市、宁德市、台州市、湛江市、钦州市、东营市、汕头市
D	沧州市、江门市、莆田市、茂名市、揭阳市、北海市、儋州市、营口市、滨州市、防城港市、中山市、威海市、盘锦市、秦皇岛市、潮州市、海口市、三亚市、阳江市、汕尾市、锦州市、葫芦岛市、丹东市

五、中国海港城市港口经济发展建议

（一）聚焦新质生产力，创新港口经济产业类型和发展模式，不断提升港口经济高质量发展水平

目前，我国港口经济主要类型还是以基础性传统产业为主，科技含量较

低，整体发展水平还不高，产业链较短，集群化发展较少。未来，需要聚焦新质生产力，以港口为战略资源，加快发展新一代信息技术、生物技术、新能源、新材料、高端装备、新能源汽车、绿色环保以及航空航天、海洋装备等战略性新兴产业，前瞻谋划类脑智能、量子信息、基因技术、未来网络、深海空天开发、氢能与储能等未来产业，以颠覆性技术和前沿技术催生港口经济新产业、新模式、新动能。围绕重点产业链深入推进“强链补链稳链”，发挥“链主”企业带动作用，强化产业链上下游、大中小企业协同攻关，促进全产业链发展。调整优化产业链布局，在沿海地区加快建设一批世界级先进制造业集群，大幅提高全要素生产率，使港口经济不断提高科技含量，向高效能和高质量方向发展。

（二）大力发展临港产业，拓展港口经济发展空间，实现港口经济集中突破、重点突破

临港产业是港口经济的重要组成部分，地理位置临近港口，在相对集中区域可以实现相关产业集群化发展。由于前期缺少规划，很多海港城市临港区域企业布局较为散乱，没有形成合理的产业功能分区，造成经济规模效应的缺失，影响产业的竞争力和创新能力，从而制约临港产业的发展。同时，临港产业“小、散、乱”的问题也为后续该地块土地整理增加难度，一些低端、落后产能退出困难，占用了大量宝贵的土地资源，临港区域引进新的产业没有充足的土地资源，制约了新进临港产业落地或影响临港产业扩建新项目。建议在海港城市重点临港区域，加快编制临港产业专项规划，通过引导用地调整优化产业空间布局，采用相关措施适时腾退低效产业用地，提升土地资源综合效益。以临港区域为平台，重点引进符合海港城市产业结构调整方向的重大项目，促进先进制造业和现代服务业集聚发展，实现港口经济集中突破、重点突破，增强港口对城市经济的带动作用，打造相互促进、融合发展的新型港城关系。

（三）提升港口枢纽功能，强化港口对国内外贸易的支撑作用，打造经济、高效、安全、稳定的流通体系

目前我国第三产业中，批发和零售业对港口运输依赖程度较高，特别是在长三角、福建以及广东等沿海区域，批发和零售业均成为了规模最大的港口经济类型，港口在促进沿海区域对内、对外贸易中发挥了重要作用。未来，我国将构建国内国际双循环相互促进的新发展格局，要求沿海港口借助信息化、智能化等手段进一步降低物流成本，提高港口节点货物流通效率，打通与其他运输方式相互衔接的堵点，提供高效、经济、便捷的多式联运服务，打造海陆双向物流枢纽，建设国际商品集散中心和大宗商品储运交易基地，打造经济、高效、安全、稳定的流通体系，实现商品和要素有序集散、高效配置、价值增值，使我国与国际市场的联系日益密切，深度融入全球产业链、供应链、价值链，依托国内超大规模市场带动国内贸易发展，推动国内国际双循环相互促进。

（四）增强向内辐射能级，打通港口经济与腹地经济的产业联结，带动广大内陆腹地共同构建开放型经济格局

海港城市背靠广阔的内陆腹地、处于对外开放的前沿，海港城市港口经济的发展不仅仅是所在城市经济、产业的发展问题，还与整个区域经济的发展密切相关。海港城市在发展港口经济时，既需要结合城市自身的资源禀赋、产业基础、港口条件等因素，还需要综合考虑陆向腹地的产业发展需求，发挥内陆各个城市的比较优势，打通整个区域的产业联接，建立合理、高效的区域产业分工，串起产业链、创新链，推动区域产业集群协同发展，共同参与全球产业分工，在更高层次、更宽领域，以更大力度协同推进对外开放，深化开放合作，优化营商环境，不断增强国际竞争合作新优势，带动广大内陆腹地共同构建开放型经济格局。

附件 3　广州港口经济发展现状 2024

交通运输部规划研究院

2024 年 10 月

前　言

近年来，全球沿海国家和地区充分发挥港口的战略性引领带动作用，大力推进港口经济发展，对于拉动区域经济增长、提升经济发展·水平发挥了重要作用。

本分析研究，在国内外现有港口经济相关理论的基础上，结合发展实践，提出了港口经济的概念，以及港口经济增加值测算的方法，对广州市港口经济发展现状进行了详细分析，并进行了比较研究、对比分析。提出了促进广州市港口经济高质量发展的相关建议。

本研究成果，依托水运所团队完成并发布的《中国海港城市港口经济发展报告 2024》。

一、广州市港口经济发展现状

经测算，2023 年广州市港口经济规模达到 3428 亿元，位居全国海港城市第 4 位，仅次于上海市、苏州市和深圳市。从广州市港口经济构成来看，一、二、三产中归属于港口经济部分的规模分别为 58 亿元、1606 亿元和 1765 亿元，分别占港口经济总规模的 2%、47% 和 51%。2021 年，广州市港口经济规模为 2948 亿元，2023 年较 2021 年增长了 480 亿元（各产业占比 2023 年、2021 年变化不大）。

表1　　2023年广州市主要港口经济类型及占比

主要类型	主要产业	2023 年港口经济增加值（亿元）	在全市港口经济中占比	
			2023 年	2021 年
合计	–	3428	–	–
二产	石油、煤炭及其他燃料加工业	175	5%	4%
	化学原料和化学制品制造业	120	4%	4%
	通用设备制造业	36	1%	1%
	汽车制造业	215	6%	7%
	铁路、船舶、航空航天和其他运输设备制造业	31	1%	1%
	电气机械和器材制造业	52	2%	1%
	计算机、通信和其他电子设备制造业	119	3%	3%
	电力、热力生产和供应业	348	10%	10%
	燃气生产和供应业	39	1%	1%
	建筑业	55	2%	2%
三产	批发和零售业	978	29%	30%
	交通运输、仓储和邮政业	271	8%	8%
	住宿和餐饮业	71	2%	2%
	房地产业	50	1%	2%

注：根据 2017 年投入产出表，利用广州市 2022 年、2020 年经济产业数据，分别测算了广州市港口经济增加值，表中列出了主要港口经济类型的增加值。

二、二产港口经济特点

1. 传统第二产业对水运依赖性强，在广州市二产经济总量中占比相对较小

从广州市对水运依赖较强的主要二产类别来看，仍以传统产业为主。其中，电力、热力生产和供应业港口经济增加值为 348 亿元，位居第一位，石油煤炭及其他燃料加工业与化学原料和化学制品制造业港口经济增加值也分

别达到了 175 亿元和 120 亿元。传统产业在二产港口经济中占比约为 70%。

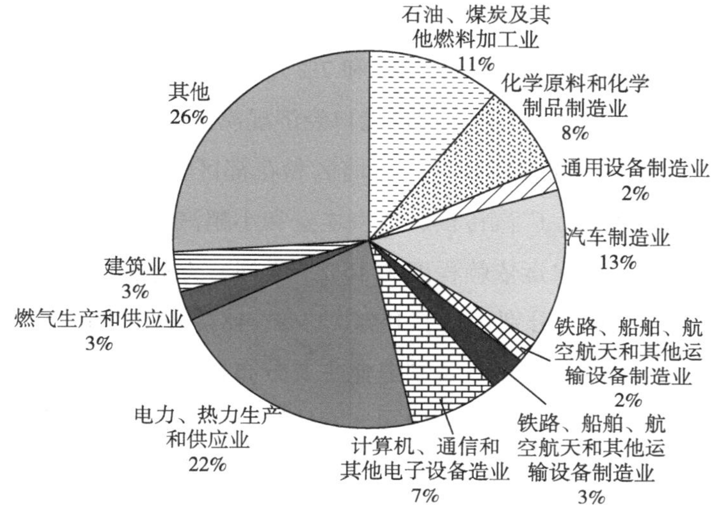

图 1　广州市二产港口经济主要产业类别及在二产港口经济中占比

2023 年广州市电力、热力生产和供应业增加值约占全市二产的比重为 6%，主要分布在黄埔区和南沙区等区域，包括珠江电厂、恒运电厂等电力供应企业，经测算该行业港口经济增加值为 348 亿元，对水运的依赖程度达到 70%。

2023 年广州市石油煤炭及其他燃料加工业增加值约占全市二产的比重为 3%，主要分布在黄埔区、海珠区和番禺区等区域，包括广石化、广东省燃料有限公司、凯迪化工制品有限公司等企业，经测算该行业港口经济增加值为 175 亿元，对水运的依赖程度达到 70%。

2023 年广州市化学原料和化学制品制造业增加值约占全市二产的比重为 4%，主要分布在黄埔区和白云区等区域，包括广州化工集团、泰力化工有限公司、瑞奇化工有限公司等企业，经测算该行业港口经济增加值为 120 亿元，对水运的依赖程度达到 40%。

2023 年广州市电器机械和器材制造业增加值约占全市二产的比重为 4%，主要分布在白云区、海珠区和黄埔区等区域，包括锐霖电气机械有限公司、万洲电气设备有限公司、德信机电设备有限公司、力瑞电气机械有限公司等企业，经测算该行业港口经济增加值为 52 亿元，对水运的依赖程度达到 18%。

2. 广州市支柱产业对水运依赖程度相对较小

广州市汽车制造业、计算机通信和其他电子设备制造业两个产业规模较大，分别占到全市二产增加值的 18% 和 7% 左右。这两个支柱产业对于港口的依赖程度均较小，造成广州市二产港口经济规模偏低。

汽车产业主要分布在南沙区、黄埔区和花都区等区域，包括东风日产、广汽丰田、广汽本田、广汽传祺、广汽埃安和小鹏汽车等企业，港口经济增加值为 215 亿元，对水运依赖程度为 15%（天津、青岛、苏州、上海汽车制造产业对水运依赖程度分别达到了 15%、13%、18% 和 15%）。

计算机通信和其他电子设备制造业主要分布在黄埔区、番禺区和海珠区等区域，包括芯粤能半导体有限公司、吉比特半导体（广州）有限公司、华大半导体（广州）有限公司、广州华星光电、超视界显示技术有限公司、广州市丰光显示技术有限公司等企业，港口经济增加值为 119 亿元，对水运依赖程度为 23%（天津、青岛、苏州、上海、深圳计算机通信和其他电子设备制造业对水运依赖程度分别达到了 15%、19%、23%、14% 和 23%）。

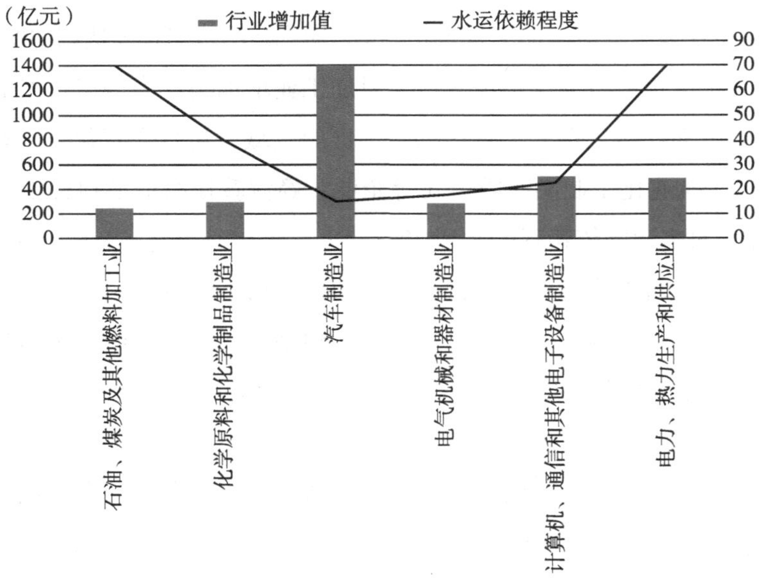

图 2　广州市主要制造业对水运依赖程度对比

对比之下，宁波市规模较大的制造业对水运依赖程度较强。宁波市主要制造业门类包括纺织服装服饰、石油煤炭及其他燃料加工、化学原料和化学制品制造、橡胶和塑料制品、金属制品、通用设备制造、专用设备制造、汽车制造、电气机械和器材制造、计算机通信和其他电子设备制造等产业。其中，化学原料和化学制品制造、石油煤炭加工等产业增加值相对较高，增加值均在400亿元以上，而且对水运的依赖程度也高，都在60%以上，宁波市重点产业的发展与水运结合得更为紧密。

苏州市二产港口经济增加值较高主要原因在于苏州市工业基础雄厚，产业门类多，单个产业增加值较大。苏州市主要制造业门类包括计算机通信和其他电子设备制造、通用设备制造、电气机械制造、汽车制造、黑色金属冶炼和压延加工、专用设备制造、化学原料和化学制品制造、橡胶和塑料制品、金属制品、纺织等产业，这些产业增加值均在300亿元以上。其中，计算机通信和其他电子设备制造产业增加值相对较高，达到2822亿元，对水运的依赖程度为23%。

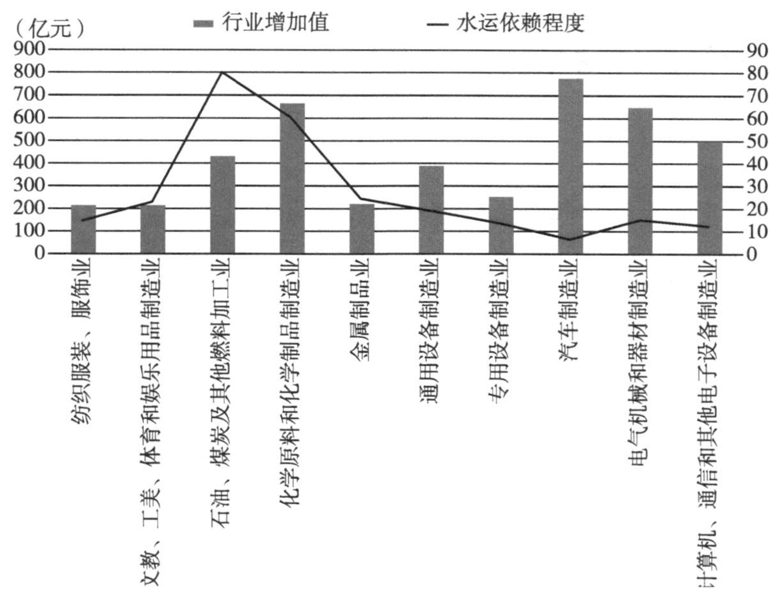

图3　宁波市主要制造业对水运依赖程度对比

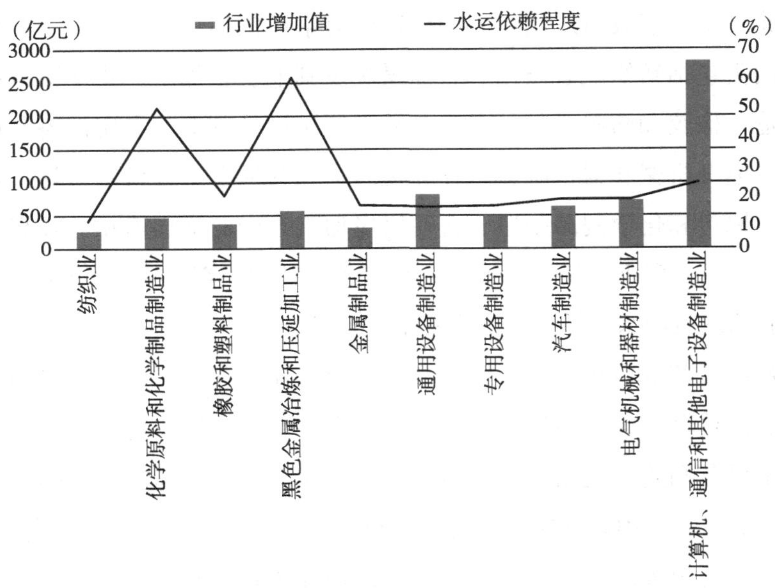

图 4 苏州市主要制造业对水运依赖程度对比

三、三产港口经济特点

1. 广州市三产港口经济规模和占比均较高

2023 年广州市三产增加值达到 22262 亿元，仅低于上海（35510 亿元），广州市三产港口经济规模较大，达到 1765 亿元，仅低于上海（2703 亿元），三产港口经济规模在三产增加值中的占比达到了 7.9%，低于厦门（9.7%）。广州市三产港口经济规模在港口经济总规模中的占比高达 51%，位居第一。

从广州市三产港口经济类型来看，批发和零售业、交通运输仓储和邮政业、住宿和餐饮业、房地产业港口经济增加值分别达到了 978 亿元、271 亿元、71 亿元和 50 亿元。

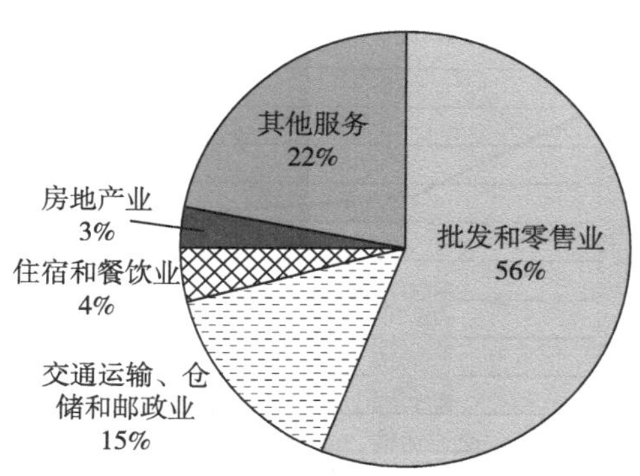

图 5　广州市第三产业港口经济产业类别占比

2023 年广州市批发和零售业增加值约占全市三产的比重为 19%，主要分布在白云区、荔湾区、越秀区和海珠区等区域，经测算该行业港口经济增加值为 978 亿元，对水运的依赖程度达到 24%。

2023 年广州市交通运输仓储和邮政业增加值约占全市三产的比重为 8%，主要分布在南沙区、白云区、黄埔区和番禺区等区域，经测算该行业港口经济增加值为 271 亿元，对水运的依赖程度达到 16%。

2. 广州市三产港口经济主要产业对水运依赖程度较强

与宁波市、苏州市相比，广州市批发和零售业、住宿和餐饮业规模较大，分别达到 4119 亿元和 497 亿元，对水运的依赖程度分别达到 24% 和 14%，这些产业的规模和依赖程度均高于宁波市和苏州市。宁波市批发和零售业、住宿和餐饮业分别达到 2017 亿元和 191 亿元，对水运的依赖程度分别达到 19% 和 8%。苏州市批发和零售业、住宿和餐饮业分别达到 2558 亿元和 325 亿元，对水运的依赖程度分别达到 22% 和 12%。

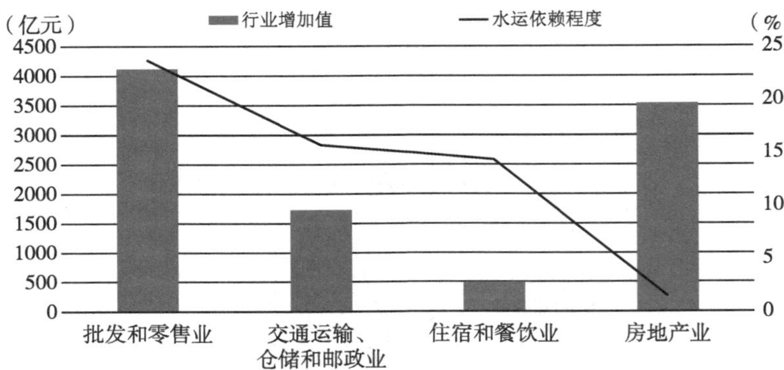

图 6　广州市主要服务业对水运依赖程度对比

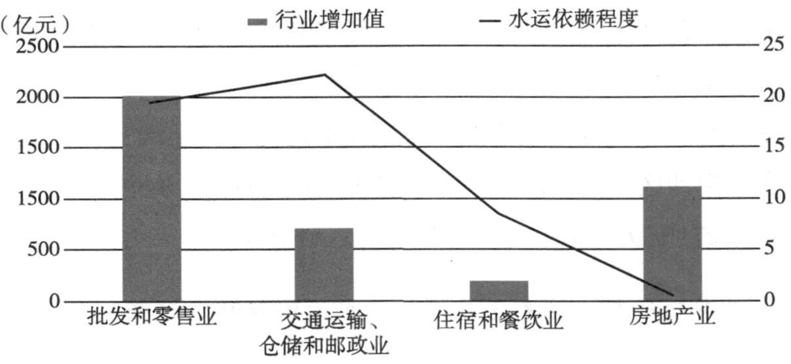

图 7　宁波市主要服务业对水运依赖程度对比

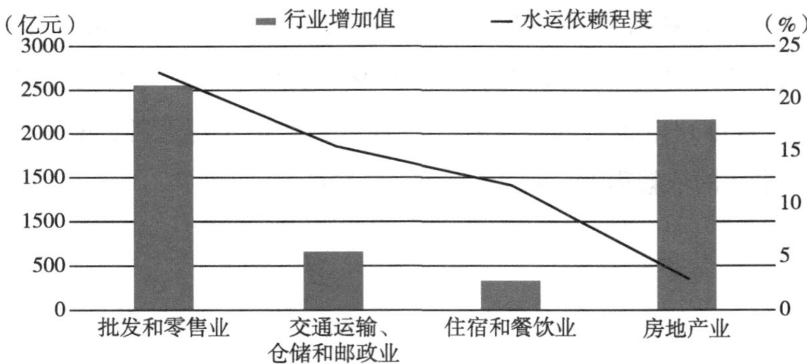

图 8　苏州市主要服务业对水运依赖程度对比

总体来看，广州市二产港口经济规模相对较小、三产港口经济规模较大，港口对于广州市先进制造业基地、国际贸易中心、物流中心和区域金融中心的建设提供了有力支持。

四、广州港口经济发展建议

（一）加强基础设施能力建设，提升港口枢纽能级，打造华南地区综合物流枢纽

①拓展港口发展空间，推动港口资源优化整合。与其他港口相比，广州港剩余可开发岸线较少，并且主要是集装箱岸线。对于大宗散货运输来说，未来随着城市化的发展，黄埔等老港区散货功能将面临优化调整的要求。广州港作为华南地区重要的能源物资运输枢纽，需要进一步拓展港口空间资源，确保腹地能源物资运输安全。

②更新、改造码头相关设施，推动港口智能化、绿色化发展。随着南沙一至四期集装箱码头的建设，广州港智能化、绿色化发展水平均有较大提升。但是黄埔等老港区，由于建成时间较早，港口装卸设施、环保设施已较为老旧，与沿海其他散货码头相比，自动化、智能化、绿色环保等发展水平具有较大差距，不能适应港口行业智能化、绿色化发展的要求，建议结合黄埔等老港区城市化改造，同步更新、改造码头相关设施，推动港口智能化、绿色化发展。

③进一步提升航道等级，提高港口枢纽层级。广州港航道包括广州港出海航道和广州港内港航道，航道总长 239.05 公里，其中，出海航道全长 166.37 公里，只能满足 10 万吨级集装箱船和 15 万吨级集装箱船（减载）双向通航要求，不能满足集装箱船舶大型化的发展需要，成为了广州港发展远

洋干线集装箱运输的重要制约因素。因此，建议进一步提升广州港出海航道等级，促进广州港远洋航线的集聚，提高广州港在全球航运网络中的地位。

④优化集疏运条件，增强港口辐射能力。未来我国西南、中南地区经济发展仍有较大潜力，与长三角港口相比，这些区域从华南地区港口进出口，与欧洲、中东、非洲、东南亚等国家和地区进行贸易较为便利，广州港需要抓住机遇，大力发展海铁联运、水水中转，提升广州港在西南、中南地区的辐射能力和市场份额。

（二）拓展港口服务功能，打造国内外贸易枢纽，促进广州市国际商贸中心的建设

作为中国通往世界的“南大门”，广州是中国唯一一个开埠两千多年从未关闭的通商口岸，也是历经千年不衰、永葆活力的商业城市。2023 年，广州消费和外贸规模稳步扩大，社会消费品零售总额、商品进出口总值连续三年双双超过 1 万亿元，社会消费品零售总额和商品进出口总值的国内排名分列第四和第七。2023 年广州市进口额 4412 亿元，占广东省的 15%。

①依托专业市场优势，打造华南地区进口消费品分拨中心。依托南沙和黄埔综合保税区、南沙和黄埔进口贸易促进创新示范区建设，积极推进海鲜、肉类、水果、酒类、服装等消费品的进口分拨和国内中转，将广州市打造成华南地区进口消费品分拨中心。推动跨境电商快速发展，打造粤港澳大湾区国际采购中心。大力发展跨境电商，推动南沙建设集聚全品类、拓展多业态、辐射国内外的国际采购中心。

②对接国际国内两个市场、两种资源，打造南中国汽车及零部件进出口交易中心。未来，可依托广州市以及华南、中南、西南等地汽车产业的快速发展，做大汽车整车出口贸易规模。随着我国汽车制造企业纷纷“出海”，部分零部件需要出口至东南亚、南美、欧洲等国家和地区进行组装，应大力发展汽车零部件出口贸易，打造服务华南、中南、西南等地的汽车及零部件出海大通道。同时，国内汽车厂商部分高端零部件仍需要进口，广州可打造高

端汽车零部件进口分拨中心。随着中国汽车保有量的逐步提高，未来我国二手车的出口也将快速增长，可以打造面向东南亚、中东、非洲、南美等区域的二手车交易市场。

③推动现有大宗商品交易场所转型升级，打造大宗商品交易平台。广州市可以依托已经形成的粮食、钢铁、成品油区域贸易中心优势，推动现有大宗商品交易场所转型升级，打造集交易、融资、信息、仓储、物流、质检等服务于一体的大宗商品交易平台。完善期现货联动市场体系，培育期现货合营的大宗商品交易商，鼓励符合条件的现货企业申请设立大宗商品交割仓，开展保税交割业务。

（三）充分依托港口优势，大力发展适水产业，助力广州打造大型先进制造产业基地

①培育汽车产业发展新优势，不断延伸、壮大汽车产业链条。大力发展新能源汽车，扩大新能源汽车产能规模，根据相关规划，2035 年整车产量超过 580 万辆，新能源汽车产量达到 440 万辆。加速智能网联汽车产业化进程，推动导入和研发 L2 级及以上自动驾驶新车型，探索 L3、L4 级及以上自动驾驶乘用车、商用车规模化生产和商业化运营，在全国范围内率先实现量产及规模化应用。加快培育燃料电池汽车产业，支持龙头整车企业加快研制燃料电池商用车和乘用车，抢占氢燃料电池汽车产业制高点。支持传统能源汽车低碳化转型升级，通过内燃机与电驱动技术智能控制的融合，带动传统动力系统的转型升级。大力发展汽车零部件配套产业，到 2035 年整车与零部件产值比达到 1∶1.2。

②打造全国高端数控机床、智能装备、船舶及海工装备、航空航天及卫星应用等高端装备制造重要基地。面向汽车、电子信息、航空、家电、新能源等领域，重点推动激光制造装备、精密数控磨床、超精密数控金属切割机床、数控光整加工机床等关键零部件及中高档数控系统研发及产业化。重点发展具有核心自主知识产权的各类工业机器人、服务机器人、无人机以及各

细分领域智能专用设备，聚焦突破减速器、伺服电机和系统、控制器等关键零部件和集成应用技术。打造高端船舶制造、工业级无人船、新型环保类电动船等高价值船用设备和配套产品。加快发展航空运输、航空制造、通用航空等相关产业，定向引进干支线飞机、公务机、直升机、无人机等研发、总装项目，重点扶持航空发动机、航空机载设备及系统、航空新材料、飞机零部件等配套制造产业。将广州市打造成全国高端数控机床、智能装备、船舶及海工装备、航空航天及卫星应用等高端装备制造的重要基地，形成产业体系完善、自主创新能力突出的高端装备产业集群。

③打造绿色石化和新材料特色产业园区，为汽车、电子信息、生物医药、新能源等重要产业发展提供支撑。应推进广州石化产业向精深加工转型，通过“大型化、一体化、清洁化、高端化、集群化”，重点优化石化产业链，推动石化产业结构、产品结构不断优化，巩固发挥精细化学品及日用化学品发展优势，发展高性能合成材料、工程塑料、化工新材料、日用化工等高端绿色石化产品。进一步夯实新材料产业在先进制造业中的关键基础作用，结合重点产业基础和应用需求，做优做强汽车用材料、新型显示材料、集成电路材料、生物医用材料、高端装备用材料、新能源材料、高端建筑材料等细分领域，打造特色产业链条。

（四）转变发展思路，以港口为战略引领，建立相互促进、和谐发展的新型港产城关系

①转变发展思路，以港促产，以产兴城。目前，黄埔区空间资源较为紧张，港口被城市逐渐包围，为港口配套的物流、仓储等空间资源不断减少，港口功能被弱化。南沙区在发展和推动第三产业的同时，更加重视实体经济，充分发挥港口水运便利性，降低物流成本。广州市应充分利用港口战略性引领作用，密切港口与后方产业的联系，通过港口来带动后方产业的发展，进而增强城市发展的动力，进一步完善港口、城市、产业规划体系，优化港口、

产业发展定位、发展方向和空间关系，建立相互促进、和谐发展的新型港产城关系。

②以临港经济区为平台，促进先进制造业和航运服务业集聚发展。广州市港口经济相关产业相对分散，并且这些产业部分零部件配套、上下游产品需要经过穿城运输，增加物流成本，在一定程度上降低了企业的竞争力，造成经济规模效应的缺失，制约区域经济的发展。同时，广州市缺少专业的化工园区，对未来发展绿色石化和新材料产业造成影响。建议在广州市黄埔区、南沙区等重点临港区域，加快编制临港产业专项规划，以临港区域为平台，重点引进汽车及零部件制造、高端装备制造、绿色石化和新材料等产业，适当发展消费品分拨中心、跨境电商采购中心、汽车及零部件进出口交易中心、大宗商品交易平台等，促进先进制造业和国际商贸中心的集聚发展，实现港口经济集中突破、重点突破。